德希達

Jacques Derrida

楊大春／著

編輯委員：李英明　孟樊　陳學明
龍協濤　楊大春

出版緣起

　　二十世紀尤其是戰後，是西方思想界豐富多變的時期，標誌人類文明的進化發展，其對於我們應該具有相當程度的啓蒙作用；抓住當代西方思想的演變脈絡以及核心內容，應該是昂揚我們當代意識的重要工作。孟樊兄以及浙江大學楊大春教授基於這樣的一種體認，決定企劃出一套「當代大師系列」。

　　從八〇年代以來，台灣知識界相當努力地引介「近代」和「現代」的思想家，對於知識份子和一般民眾起了相當程度的啓蒙作用。

　　這套「當代大師系列」的企劃以及落實

出版，承繼了先前知識界的努力基礎，希望
能藉這一系列的入門性介紹書，再掀起知識
啓蒙的熱潮。

孟樊兄與楊大春敎授在一股知識熱忱的
驅動下，花了不少時間，熱忱謹愼地挑選當
代思想家，排列了出版的先後順序，並且很
快獲得生智文化事業公司葉忠賢先生的支
持；因而能夠順利出版此系列叢書。

本系列叢書的作者網羅有兩岸學者專家
以及海內外華人，爲華人學界的合作樹立了
典範。

此一系列書的企劃編輯原則如下：

1. 每書字數大約在七、八萬字左右，對
   每位思想家的思想進行有系統、分章
   節的評介。字數的限定主要是因爲這
   套書是介紹性質的書，而且爲了讓讀
   者能方便攜帶閱讀，提昇我們社會的
   閱讀氣氛水準。

2. 這套書名爲「當代大師系列」，其中

　　所謂「大師」是指開創一代學派或具
有承先啓後歷史意涵的思想家，以及
思想理論具有相當獨特性且自成一格
者。對於這些思想家的理論思想介
紹，除了要符合其內在邏輯機制之
外，更要透過我們的文字語言，化解
語言和思考模式的隔閡，爲我們的意
識結構注入新的因素。

3. 這套書之所以限定在「當代」重要的
思想家，主要是從八〇年代以來，台
灣知識界已對近現代的思想家，如韋
伯、尼采和馬克思等先後都有專書討
論。而在限定「當代」範疇的同時，
我們基本上是先挑台灣未做過的或做
的不是很完整的思想家，作爲我們優
先撰稿出版的對象。

　　另外，本系列書的企劃編輯群，除了包
括上述的孟樊先生、楊大春教授外，尚包括
筆者本人、陳學明教授和龍協濤教授等五位

先生。其中孟樊先生向來對文化學術有相當熱忱的關懷，並且具有非常豐富的文化出版經驗以及學術功力，著有《台灣文學輕批評》（揚智文化公司出版）、《當代台灣新詩理論》（揚智文化公司出版）、《大法官會議研究》等著作；楊大春教授是浙江杭州大學哲學博士，目前任教於浙大，專長西方當代哲學，著有《解構理論》（揚智文化公司出版）、《德希達》（生智文化事業出版）、《後結構主義》（揚智文化公司出版）等書；筆者本人目前任教於政大東亞所，著有《馬克思社會衝突論》、《晚期馬克思主義》（揚智文化公司出版）、《中國大陸學》（揚智文化公司出版）、《中共研究方法論》（揚智文化公司出版）等書；陳學明是復旦大學哲學系教授、中國國外馬克思主義研究會副會長，著有《現代資本主義的命運》、《哈貝馬斯「晚期資本主義論」述評》、《性革命》（揚智文化公司出版）、《新左派》（揚智文化公司出版）等

書；龍協濤教授現任北大學報編審及主任，
並任北大中文系教授，專長比較文學及接受
美學理論。

這套書的問世最重要的還是因為獲得生
智文化事業公司總經理葉忠賢先生的支持，
我們非常感謝他對思想啟蒙工作所作出的貢
獻。還望社會各界惠予批評指正。

李英明
序於台北

序言

　　後現代主義（Post-Modernism）在第
二次世界大戰之後的西方思想界產生了巨大
的衝擊，其影響廣泛地深入到了哲學和社會
科學各領域。但是，八十年代末期以來，這
一思潮已經走向衰微。現在無疑可以對它進
行某種總結性的研究了。有人說，有多少個
後現代主義者就有多少種後現代主義，這說
明我們很難從總體上把握後現代主義。因
此，我們最好按照人頭來進行清理，這需要
作一個《當代大師系列》。

　　一九九三年十一月，我完成了小書《解
構理論》，並交付揚智文化公司出版。接下
來我考慮了今後的工作計劃，我早已盤算要
企劃一個《當代大師系列》，但在大陸面臨
著出版難題，於是我寫信向孟樊兄建議，可

否在台灣進行，他在來信中表示了興趣。一
九九四年元月底，孟樊兄陪夫人到上海參加
音樂會演出，事畢，來杭與陳健兄和我晤面。
日值深冬，春蘭秋菊皆無，我們還是饒有興
趣地遊玩了西湖。遊人罕見，全無春好時之
喧嚷。薄霧繞舟，輕寒逐堤，自有一番情趣。
文化、人生隨自然而昇華。我們進一步就
《當代大師系列》進行了商討。其後，我草
擬了數十個思想家與撰寫者，孟樊兄讓我們
先做數人。

我極感興趣的德希達 (Derrida) 幸被
選中。德希達因開啓解構理論而在西方思想
界享有盛譽，作爲後現代主義的一個中堅人
物，他對西方社會的理智生活有著重要的影
響。因此，要把握西方文化的時代特徵及其
走向，無疑應當了解德希達的思想。

德希達著作等身，思想怪異，風格多變，
在這樣一本小書中要全面而客觀地把握他是
有難度的。況且，在後現代和解構語境中研
究德希達，必定是仁者見仁，智者見智。祈

目　錄

　　本書旨在探討法國著名哲學家、文學理論家,後現代主義思想家德希達關於Deconstruction的有關觀點。在本書中,根據不同情況,我們用了「解構主義」、「解構理論」、「解構批評」來譯Deconstruction。本書從如下幾章著手來分析德希達其人及其思想:〈流浪的哲人〉、〈傾斜的吊燈〉、〈漂泊的主體〉、〈本文的愉悅〉、〈解構的困境〉。

　　在〈流浪的哲人〉中,主要介紹了德希達的生平、著述,分析了德希達接受的來自於結構主義和存在主義兩種思潮的影響,點出了其思想中的「流浪」特徵。

　　在〈傾斜的吊燈〉中,分析了德希達對待邏各斯中心主義的態度,主要涉及了他對邏各斯與書寫之間,邏各斯與隱喻之間,邏各斯與邊緣問題之間的關係的解構。從其間可以看出,德希達以遊戲的姿態鬆動了傳統的二元對立。

　　在〈漂泊的主體〉中,我們分析了德希

達對於人學的遊戲立場，遊戲在存在立義的
「人是目的」和結構主義的「人已經終結」
間運作，而人也就因此處於漂泊游移之中。

在〈本文的愉悅〉中，我們首先將看到
德希達提出了自己的閱讀策略，然後展現在
我們面前的是德希達對柏拉圖和盧梭作品的
解構閱讀，我們力求保留較多的遊戲性特
徵。

最後，我們分析了德希達所代表的解構
理論在一系列問題上的曖昧態度和它所面臨
的困境，並且認為這是其衰微的重要原因。

第一章
—— 流浪的哲人 ——

一、德希達其人及其接受的 影響

　　雅克·德希達 (Jacques Derrida) 被公認爲是解構主義 (Deconstruction) 的創立者和中堅人物。他的思想發展經歷了由結構主義 (Structuralism) 而後結構主義 (Post-structuralism)，再到解構主義的歷程。

　　一般而言，解構主義被認爲是一種與後現代主義比較合拍的思潮，儘管德·曼 (de Man) 等著名的解構主義者都極力否認自己與後現代主義有染；德希達也因而被公認爲是著名的後現代主義者。例如美國著名的後現代主義者哈山 (Ihab Hassen) 就首推德希達爲哲學領域內的後現代主義者。在三十來年時間中，德希達作爲一個哲學家和文學理論家活躍在西方思想界，尤其是文學藝術界。由於強調哲學與文學的界線的消失，

他的工作可以歸結爲一種本文批評，他也因此可以被稱爲本文批評家，其批評的對象涉及到哲學、文學、建築、繪畫諸領域。

德希達是一個很有爭議的人物。他接受的是哲學訓練，卻一直活躍在文學理論領域，他在哲學界似乎沒有什麼聲音；他出生在阿爾及利亞，在法國接受教育，在法國寫成自己的著作；可惜的是，他在歐洲大陸，甚至在法國都不大爲人接受，而只能在美國產生「轟動效應」。從這些方面看，他無疑是一個流浪漢，但是，眞正的流浪意識也就只能在他的思想中顯現出。

德希達於1930年出生於阿爾及利亞首都阿爾及爾的一個猶太人家庭。年輕時在法國服兵役，並留在那裏完成了自己的高等教育，然後在巴黎高等師範學校教書。他曾經到美國的著名學府哈佛大學做訪問學者。他長期在美國的一些著名學府，如約翰—霍普金斯大學，耶魯大學擔任客座敎授。1966年，在約翰—霍普金斯大學召開的一次有關結構

主義的學術討論會上，年輕的德希達以一篇
名為〈人文科學話語中的結構、符號與遊
戲〉的論文一舉成名，使他開始成為一位知
名的「美國學者」。他最初把宣傳和傳播解
構主義的中心放在耶魯大學，他和耶魯學派
的德・曼，米勒（H.Miller），哈特曼（G.
Hartman）、布魯姆（H.Bloom）諸人一起
推動這一思潮。由於德・曼英年早逝，布魯
姆獨來獨往，加之後現代主義在八十年代後
期的普遍失勢，解構主義在美國的影響有所
下降，但在一定程度上早已深入人心。解構
主義的中心現在已經移至西海岸，德希達和
耶魯學派的中堅人物希利斯・米勒現在都在
厄灣加利福尼亞大學任教。米勒是正式調
任，德希達則是客座教授。德希達目前正擔
任著法國社會科學院的研究員，他差不多是
半年在法國、半年在美國。

　　德希達著作等身。他的第一部有份量的
作品是為胡塞爾（E.Husserl）的《論幾何
學的起源》（*The Origin of Geometry*）的

一部法譯本寫的長篇導論，在其間可以見出
他日後思想的端倪。他對當代世界哲學界和
文學藝術界產生巨大衝擊的最初作品是1967
年同時發表的三部巨著。一部是他對胡塞爾
的現象學符號理論的解構閱讀，書名爲《聲
音與現象》（*Speech and Phenomenon*）。
一部是名爲《書寫與差異》（*Writing and
Difference*）的論文集，探討了黑格爾（G.
W.F.Hegel）、佛洛伊德（S.Freud）、胡塞
爾、盧梭（J.J.Rousseau）、李維斯陀（C.
Levy-Strauss）、索緒爾（F.de Saussure）
諸位大師的作品中涉及的書寫（Writ-
ing）、符號（Sign）和結構（Structure）
問題。接下來一部是鴻篇巨著的《論文字
學》（*of Grammatology*），分析了西方語
言和文化中的邏各斯中心主義
（Logocentrism）問題、書寫問題，尤其是
重點解讀了邏各斯（Logos）與書寫在盧梭
思想中的衝突與置換（Displacement）。五
年之後的1972年，德希達又連續推出三部巨

著。一部是探討哲學的邊緣問題，其名曰《哲學的邊緣》（*The Margins of Philosophy*），廣泛地涉及了「哲學的終結」、「哲學與文學之關係」和「人的死亡」等主題。一部是探討意義嫁接、溝通、播撒的巨著《播撒》（*Dissemination*）。除〈導論〉外，本書由三個獨立成篇的作品構成：〈柏拉圖的藥店〉（*Plato's Pharmacy*）展示的是柏拉圖的邏各斯中心主義如何在「藥」（Pharmakon）這一隱喻性概念中被解構的。〈兩次講座〉（*The Double Session*）涉及的是瑪拉美（Mallarme）的文學觀念與柏拉圖的哲學觀念之間的關係。《播撒》則是由加引號或不加引號的「引述」構成的，主要引述了太凱爾（Tel Quel）團體創始人索勒爾（P.Soller）的《數目》（*Number*）一書。另外一部著作是由三篇談話錄構成的，書名為《立場》（*Position*），在這些談話中，德希達對自己的有關觀點進行了澄清、辯護和總結。

　　德希達的如上作品介於理論與遊戲之
間，主要涉及的是哲學、文學、語言學等方
面的問題。1972年以後，他仍然保持著強勁的
寫作泉源，但有兩個明顯的變化，一是遊戲
性特徵增強，一是範圍擴大。在這一時期，
德希達開始介入藝術批評領域，對美國後現
代主義建築、繪畫的觀念有其獨特的研究和
影響。德希達對許多建築大師的作品進行解
構式批評，甚至參與到建築設計活動中去。
他與著名建築師埃森曼（Eisenman）共同
進行建築設計，開啓了哲學家與建築師合作
的先例，也因此被傳爲佳話。1974年德希達發
表了本文嫁接遊戲的「巨型蒙太奇」（Giant
Montage）《喪鐘》（*Glas*），通過將黑格
爾的概念家族與劇作家日奈（Jean Genet）的
作品嫁接在一起，而消解了哲學與文學的傳
統關係。1976年發表了兩部作品，一部是探討
尼采思想的作品，名爲《馬刺：尼采的風
格》（*Spur：Nietzsche's Style*）；另一部則
探討了詩人、詩評家龐吉（Francis

Ponge) 的「署名」（Signature），名 叫
《符號海綿》（*Signsponge*）。1978 年 發 表
了關於繪畫批評的論文集《繪畫中的真理》
（*La Verite en Peintirre*）；1980 年 發 表
《明信片：從蘇格拉底到佛洛伊德及彼世》
（*La Larte Postale*），這同樣是一部論文
集，探討的是佛洛伊德和拉岡的精神分析作
品。在前面虛構的一張明信片中，有意顛倒
了柏拉圖與蘇格拉底的關係：柏拉圖口授
著，而蘇格拉底（Socrates）寫著。

　　因早年曾師從希波利特（J.Hyppolite）
學習黑格爾哲學，德希達始終擺脫不了黑格
爾的影子。他自己說過，他總是努力地想擺
脫黑格爾，想跑到黑格爾前面去，但發現黑
格爾始終等在前面。他認為，黑格爾的黑格
爾主義還不夠，也就是說黑格爾還不是真正
的黑格爾主義者。他自己既然甩不掉黑格
爾，不妨作一個真正的黑格爾主義者，將黑
格爾主義發揮到極致。

　　德希達很快就匯入了當時名聲大振的結

構主義潮流中。他作爲一個哲學家加入了涉
及面十分廣泛，但以文學理論爲主的結構主
義圈子中。結構主義的創立者是法國著名
思想家李維斯陀，作爲一個哲學家和人類學
家，他的主要工作是用結構方法和二元對立
的觀念解釋神話和親族關係。對於年輕的一
代學人而言，這些工作是不夠的。很快地，
圍繞《太凱爾》雜誌（*Tel Quel*）形成了一
個強大的新團體。該團體認爲他們的老師李
維斯陀是保守的，而他們自己則比較激進。
該團體的創立者和組織者是文學理論家菲利
浦‧索勒爾以及他的妻子、女權主義文學批
評家克里斯多娃（Kristiva）。主要成員中
有：傅柯（Michel Foucault）、德希達、巴
爾特（R.Barthes）、德勒茲（Deleuzeye）和
卡達里（Guattari）。這個團體是後結構主
義的核心組織，定期出版《太凱爾》雜誌。
德希達一直是太凱爾派的核心成員，其主要
著作最初都在《太凱爾》雜誌上連載刊出。
人們很難明確地區分結構主義與後結構主

是解構結構主義，就是解構德希達自己的前
身，在批評傳統中他讓自己的思想開始轉
型。在〈人文科學話語中的結構、符號與遊
戲〉中，德希達將矛頭直指李維斯陀的結構
主義人類學，在《論文字學》中，則解構地
閱讀了索緒爾、李維斯陀，尤其是盧梭的思
想。但這些解讀無疑仍然保留有結構主義因
素。

　　德希達所接受的哲學訓練無疑使他具有
不同於純文學理論家的優勢。他儘管參與了
文學理論活動，但他依據的主要資料還是哲
學史。他對邏各斯中心論、哲學與文學關係
等問題的看法都是從解讀哲學史的活動中引
出的。一方面他認為在傳統和哲學家那裡，
起主宰作用的是「邏各斯中心論」，另一方
面，他又認為其實這也並非一成不變，由於
語言因素，思想家們的思想總是在自身解構
著，這使得我們從不同角度看待同一思想家
的思想具有了可能性。大致上說來，德希達
將柏拉圖看作是西方形而上學和邏各斯中心

主義的始祖，其後的思想家都在柏拉圖開創
的框架內運作，即使有些偏差，也不致於顛
覆之。近代的代表人物是法國著名哲學家笛
卡兒、盧梭及德國思辨哲人黑格爾；而當代
的主要代表是索緒爾和李維斯陀等人。德希
達於是對這些人的作品進行閱讀，其意不在
於直接攻擊和指責，而是透過細讀本文，發
現其中的斷裂，讓這些思想家的作品自身解
構，並進而嘲弄了這些思想家們的頑固立
場，也就是讓哲學家們自己嘲弄了自己，自
己打了自己的耳光：說了不打算說的話，寫
了不打算寫的東西。

對於邏各斯中心主義的批判始於黑格爾
之後。尼采、佛洛伊德和海德格（Heidegger）等人公開地向這種傳統進行了挑戰。一
般而言，德希達受到了戰後法國兩派思想的
影響。一派是如上所述的結構主義，這與德
希達自我批評的努力聯繫在一起。另一派則
是存在主義——人道主義，尼采、佛洛伊德、
海德格基本上屬於後一範疇。德希達細讀了

他們的作品，並在此基礎上開啓對傳統哲學本文的閱讀遊戲。

　　人們都知道，尼采是西方傳統哲學、道德宗敎、價值觀的叛逆者，他力圖摧毀傳統形而上學之大廈。德希達沒有接受這一瘋狂的、虛無主義的尼采，他更多地看到了「遊戲的」尼采，一個遊戲人生的尼采。「跳動的雙足」、「跳動的鵝毛筆」、「酒神」就成爲哲學家或思想家的新形象，因此德希達十分讚賞尼采的呼籲：「讓脚、讓思想、讓詞、讓筆都跳起舞來，靜止的生活是對眞正精神的眞正冒犯，只有那些在運動中產生的思想才是有價值的。」德希達在其《馬刺：尼采的風格》中展示了尼采的這種不息地運作的風格。正因爲如此，我們無法確定一個完整的尼采形象，即尼采不會有一向貫之的思想。

　　佛洛伊德的「精神分析理論」一直在西方國家，進而在全世界持續地產生著影響。這一理論透過對潛意識和人的情感意志領域

的重視而衝破了傳統的「唯一聲音」，即理
性的聲音。德希達對佛洛伊德予以重視並稱
他是一個衝破傳統形而上學領域的人。佛洛
伊德的「壓抑理論」被德希達用於證明書寫
的被壓抑史。德希達認為，傳統哲學的邏各
斯中心主義立場抬高「說」(Speech)，貶低
「寫」(Writing)，西方文化史(哲學史、文學
史、語言學史)乃是對書寫的壓抑的歷史。
在他看來，儘管對邏各斯中心主義的解構不
是對哲學史進行心理分析，但它默認了在理
論上可以借用一些佛洛伊德主義的概念。不
過，他又提醒人們，儘管可以借用佛洛伊德
主義的概念，卻不能將邏各斯中心主義的壓
制等同於心理方面的壓制，因為佛洛依德所
說的壓制只不過是總的壓制下的具體行為。
一旦對書寫的普遍壓制消除了，心理壓抑之
類的具體壓制也就不復存在了。

　　海德格在當代世界哲學舞台上的地位是
不可動搖的。儘管海德格因「納粹事件」而
鬧得沸沸揚揚，德希達在學理上對他仍然十

分重視，嚴格地講，海德格是德希達的眞正
導師。衆所周知，八十年代發生了所謂的
「德法之爭」，高達瑪（Gadamer）這位德
國解釋學（Hermeneutics）大師，力圖與法
國哲學家，解構大師德希達進行論戰，德希
達迴避了（也不完全如此，他向高達瑪提了
三個問題，因此被學術界認爲實際上參與了
論戰）。高達瑪主張人與人之間具有一種理
解的善良意志，簡單地說就是，任何人都願
意理解別人，也願意讓別人理解自己。儘管
有障礙，最終是可以排除的。他因此主張對
話，透過面對面（在場）交談和交鋒而澄清
誤會，達到彼此理解的目的。德希達相反地
主張獨白，否認有什麼善良意志存在。一般
而言，高達瑪代表了海德格前期思想，而德
希達發展了海氏後期思想，以遊戲的態度對
待生存闡釋。

　　德希達思想的實質在於「解構」這一策
略。但「解構」這一概念實際上來源於海德
格的分解（Destruktion）概念。海德格在早

期就提出了「現象學分解」的觀念，例如，在1927年的夏季課程「現象學的基本問題」(The Basic Problem of Phenomenology)中就表達了其基本的內含。在這一課程中（大體上反映了《存在與時間》(*Time and Being*) 的準備和出版時期海德格的基本思想），海德格提出了與胡塞爾略有不同的現象學方法，它包含三種成分，分別為現象學還原 (Phenomenological Reduciton)、現象學建構 (Phenomenological Construction) 和現象學分解 (Phenomenological Destruction)。現象學分解是還原和建構的基礎。還原和建構需要以「此在」(Dasein) 的存在為前提，但此在總是歷史的存在，總已經被傳統觀念，尤其是「存在者優於存在」的觀念遮蔽了，這就需要「去蔽」(Uncover)，亦即分解。胡塞爾使用的是加括號的方法，但海德格認為這遠遠不夠，加了括號也不表示這些觀念不活動了，它們仍然會產生影響，因此，應當進行分解

回溯的努力，以發現本真的源泉。他認為，
分解是「一種批判的步驟，在此，最初必須
利用的傳統概念被分解至它們由以引出的源
泉。」顯然地，海德格發現，概念在發展中
會產生偏差，這就需要清理其譜系，進而找
尋起源，找尋歸宿。這實際上是一種積極的
利用，海德格寫道：「哲學上的建構必須是
分解，也就是說在歷史回歸傳統的方式上進
行傳統概念的分解，這並不是對傳統的否
定，或把它指責為一無是處，完全相反，它
正意指對於傳統的積極利用。」德希達同樣
在追尋概念偏差，同樣要積極地加以利用。
然而他並不要求發現概念或語詞的起源與歸
宿，而是緊緊抓住概念偏差或語詞歧義本
身，讓它來瓦解傳統本文的一致性。海德格
可以透過發現尼采前後期思想的偏差是如何
發生的，進而發現其本質上是連貫的，即透
過克服偏差而找到統一性，而德希達透過這
種偏差的遊戲，發現根本不存在一個連貫的
尼采形象。正如一些學者評說的，海德格的

揭示差異是如何展開的，而分延表達的正是
差異的展示。

二、作為思想家的德希達

　　德希達是精神上的流浪漢。他徘徊在哲
學和藝術（包括文學）之間，沒有固定的棲
居，他既不尋找自己的起源，又不尋找自己
的歸宿，總是在一個又一個領域內探尋著，
似乎什麼都未找著，又確乎找到了些什麼，
他並不想抓住什麼而牢牢不放。這並不是說
他真的一無所獲，許多思想家從內心深處、
從骨子裡想擺脫傳統束縛，想無所牽掛，但
結果呢？他們自己也發現，他們無法離開太
遠，每一部作品都打算翻新，然而卻萬變不
離其宗。德希達是這樣的一位思想家，他無
家可歸，但四海為家，在任何地方都可以找
到棲居。

　　閱讀德希達作品，我們發現，德希達自
己主要就是在從事閱讀活動。不錯，正如許
多批評家所說的，解構主義比以往的批評更
關注理論，而不完全是一種實用批評。但是，
解構批評並不因此就是純理論的。德希達的
確進行了許多理論探討，然而，這些理論最
終都在具體批評實踐中體現出來。德希達的
理論是對理論本身的一種抗拒，或者說它是
一種抗拒理論的理論。最初，他力圖闡明，
我們應當透過解構批評，也即透過關注本文
的邊緣性因素來發現本文的歧義性與可遊戲
性，而不應當透過傳統批評（心理分析、結
構分析、存在分析之類）來重現或重構本文
之意義。也就是說，他力圖在理論中說明，
應當以遊戲的態度取代理論的態度，這本身
已經是對傳統二元對立觀念的突破。他的後
期作品則進一步地以直接遊戲方式為主。德
希達的每一部作品都是對某一位或某幾位著
名思想家的閱讀，透過讓作品自身解構而產
生更為廣泛的衝擊力。在具體本文的具體閱

讀中，批評家並不對本文說三道四，是既不褒揚也不貶低，而是對原文進行重寫或是改寫，閱讀活動因此體現為讀和寫的一種「雙重活動」。讀者（批評家）和作者一塊兒創作，傳統意義上的在創作中居於支配地位的作者已經死了。

正是在具體閱讀中，而不是在空洞的理論說教中，我們發現德希達是一個真正意義上的流浪漢。在德希達的視野中一位思想家過渡到另一位思想家，每一位思想家都各具特色，他也因而不得不根據具體的人和具體的本文採取具體的策略。也就是說，德希達的思想是廣集百家之說的，正因為此，各家之說也會相互影響，於是，他有時就會莫衷一是。於是，相互嫁接以及互文性（Intertextuality或譯本文間性）就成為一個十分重要的方面。通常，德希達並不怎麼偏好誰，他對誰都是一種玩的心理，和他玩，和他嬉戲，但並不因此身不由己。他並未真正地喜歡上誰的思想，而是在他所閱讀的作品中尋找縫

隙，尋找盲點（Blindpoint），以求得暫時的歇息。由於本文自身的解構性，這樣棲居和歇息是不會長久的，使他不得不經常「搬家」。德希達的閱讀是十分廣泛的，在每一位思想家的「家裡」都找到了某些東西，一些順手的工具，並用以開啟遊戲。

讀德希達的作品，我們發現他既不是黑格爾信徒，也非尼采弟子。在解構閱讀這樣的操作實踐中，德希達將自己比作是做零活的人（Bricoleur），而與工程師（Engineer）區別開來。尼格爾作為精神產品生產工程師，致力於範疇體系的工程學（Engineering）建設，而德希達作為零雜活者，沒有理論建構的任務，他只是利用了具體本文中的一些現成工具和支離片斷，用以進行修漏補缺。任何一本書都有一些邊緣性因素，有一些可供流浪漢棲居的縫隙。德希達於是棲居進去，參與進去，使本文活動起來，膨脹起來，既增殖了本文，又削弱了它。增殖了，因為產生意義的畸變，削弱了，因為單一意

義的地位動搖了。顯然，如果說黑格爾建起
了高樓大廈的話，德希達只不過在大廈牆角
搭建了一個小棚屋。但我們並不因此就說德
希達不是在建設，不具有積極的目標，更不
能說他就是一個虛無主義者，一個破壞家，
一個用錘子研究哲學的人，像尼采那樣。尼
采是傳統的破壞者，他進行的是大拒絕的工
作。德希達不是如此，他儘管也對本文進行
敲打，卻並不打算讓它完全倒向「新思維」
一邊。德希達只不過希望本文活動、鬆動起
來，透過激活一些「自由分子」而改變本
文，讓本文自身解構，並因之充滿活力。通
常我們將黑格爾看作是形而上學家，尼采則
是反形而上學的，是一個懷疑主義者，一個
虛無主義者。德希達由於其「小打小鬧」的
姿態而使得其既不同於黑格爾，也不同於尼
采，他介於兩者之間，他極力尋找的是閱讀
的愉悅，而不願為建設或破壞的壓力（歷史
使命感）壓得喘不過氣來。亦或許德希達的
同事希爾斯・米勒在其《作為寄主的批評

家》（*Critic as Host*）中所作的表述最為
貼切，他寫道：「解構主義既非虛無主義，
亦非形而上學，而只不過就是作為闡釋的闡
釋而已，即透過細讀本文來理解虛無主義中
形而上學的內涵，以及形而上學中的虛無主
義內涵。」顯然地，它既不傾向於某一種，
也不迴避某一種，而是在兩者間進行遊戲，
停留在一個中間地帶。這樣，解構的策略超
越了傳統的Either／Or邏輯。德希達在本文
中尋找二元對立鬆動的可能性，使兩者之間
筆直的界線傾斜，進而處於同一平面，而不
是透過矛盾衝突來實現轉化。

閱讀德希達的作品，我們發現，儘管他
所讀的傳統本文甚多，然而從整體上看，他
讀出的不外哲學、文學（包括藝術）和人三
大主題。在德希達看來，傳統作品都受制於
邏各斯中心主義，即基本上都強調邏各斯對
神話（隱喻）、聲音對書寫的優先性。哲學
是邏各斯的聲音，文學則是書寫和隱喻之
屬，因此哲學優於文學，文學是哲學的補充

並服從其指導。然而，透過閱讀活動，德希
達發現，書寫有其獨特地位，並且認為通常
所言的聲音與書寫的二元對立，只不過是原
書寫差異的展開。德希達因此認為，聲音對
文字並沒有什麼優先性，也就是說，不管是
聲音還是文字，都只不過是對原書寫的模
仿，都只不過是能指（Signifer）遊戲。
不存在聲音是一級能指，書寫是二級能指，
聲音模寫實在，文字模寫聲音這種問題。由
於這種情況，以書寫為代表的隱喻因素（文
學因素）也就不再屈從於邏各斯，而且，傳
統意義上的純粹哲學（理性主義的、邏各斯
中心主義的哲學）也因此終結了。文學和哲
學互開門戶，一片廣闊的天地向人們展現。
與此同時，傳統哲學的主題之一，那既作為
主體又作為客體存在的人也就終結了。不再
有作為世界目標的人，人也無法回歸自己的
起源，他於是成為漂泊不定的流浪漢。

第二章
── 傾斜的吊燈 ──

德希達正在辦一個講座，偶爾在黑板上寫些什麼，學員則各持一份複印材料，上面打印的是柏拉圖的〈菲利布斯〉（*Philibus*）和瑪拉美的〈模仿〉（*Mimique*）的各一段文字。前者占據了大約四分之三的地盤，成粗壯的「Γ」型，而後者被壓縮在右下角，聰明的讀者馬上就會猜測出其意味。在邏各斯中心主義的傳統中，打算把詩人從城邦中驅逐出去的柏拉圖顯然居高臨下地充當著父親的角色，而文學大師瑪拉美只不過是一個可憐的兒子，他必須服從父親的權威，在父親恩賜的地盤中生存，並時刻俯首聽命，否則就是泰山壓頂。德希達顯然不會對此現狀聽之任之，他提醒人們，在他辦講座的課堂上方掛著一盞豪華但已經過時的枝形吊燈。邏各斯，理性難道不是這種華而不實的吊燈嗎？柏拉圖難道不是已經過世的護燈人嗎？在從前的人們心裡，沒有太陽，萬物就無法生長。在夜裡，沒有燈，就只能在黑暗中摸索，沒有辦法讀書，沒有辦法寫作。現在，一切似

乎都在偏離，吊燈傾斜了，人們仍然能夠讀書，而且增添了更多的樂趣。沒有柏拉圖的引導，人們仍然自在地生活著，而且，被逐的詩人回到了城邦，給城邦帶回了生機。

一、邏各斯與書寫問題

泛泛而言，德希達沒有中心論題，他旨在讀書，讀出書中的樂趣。然而，我們也發現，德希達並非那麼灑脫，他仍然有某種「歷史責任感」，他為書寫受到邏各斯的壓制而感到不平。因此，透過讀「百家書」，他總在做「翻案文章」，力圖讓書寫從邏各斯的羈絆下擺脫出來，偏離出來。德希達認為，西方文化受邏各斯的約束，是一種邏各斯中心主義，書寫成為邊緣因素，長期受排斥和受壓抑。但是，正像佛洛伊德並不是要讓力必多（Libido）壓倒意識一樣，書寫也

不打算反過來壓制聲音。邏各斯力圖做的只不過是讓邏各斯與書寫之間的傳統的僵硬筆直的對立稍加鬆動，使其逐漸處於同一平面上，並因之而各得其所。

德希達的早期作品（以1972年為界），幾乎都涉及邏各斯與書寫的關係問題。《論文字學》、《書寫與差異》、《播撒》、《哲學的邊緣》都以「書寫問題」為基本主題。對柏拉圖、盧梭和索緒爾的閱讀都是從書寫問題開刀。解決了書寫問題，對西方傳統的解構似乎就宣告完成了。但什麼是邏各斯，什麼是書寫，什麼邏各斯中心主義呢？

早在古希臘自然哲學家、辯證法者赫拉克里特（Heracleitus）那裡，就已經提出了邏各斯這一概念。他認為在萬事萬物中存在著永恆的邏各斯，正是邏各斯使萬物統一。人們應當聽從邏各斯，服從邏各斯。他認為，自然喜歡掩飾自己，喜歡躲藏起來，因此無法憑感官，只能憑智慧去認識它，唯有思想和智慧才能「說出真理，並且按自然行事，

聽自然的話」。所謂的思想和智慧實即理性
認識,而他也將這種理性認識看作邏各斯,
因此,邏各斯一方面是自然界深藏的不變的
規律,一方面是用以探尋這一規律的理性認
識。在赫拉克里特那裡,邏各斯的含義是有
些含混的,但有一點很明確,認識了自然的
法則,人就有了主心骨,也就萬事順暢。實
際上,在古希臘的用法中,這個詞的更根本
的含義是言說。其詞源為Legein(說),這
一詞源的含義實際上十分廣泛,主要有談
論、說明、思想、理性、公理等。海德格在
對西方傳統存在觀的批判中也是針對「邏各
斯中心主義」的,他認為西方傳統哲學是在
邏輯學水平上理解邏各斯,而這種理解實則
是一種掩飾,它把邏各斯完全當作一些邏輯
範疇,將之翻譯成理性、判斷、概念、定義、
根據、關係等。那麼,海德格所理解的邏各
斯的本真含義是什麼呢?是言談(Rede)。
作為言談它把言談所及的東西公布出來,讓
人明白這些東西,「邏各斯的功能就是把某

模仿的模仿。這種邏各斯中心主義伴隨一種在場的形而上學：「說話的我優先在場，我思故我在；現在是優先的，過去是逝去了的現在，將來是會成為現實的現在，當下的思考聯結了過去與未來；意義是可以明確地呈現的，是可以在我們當下的對話中證明的。」總之，由於言談的優先性使得自我、真理、理性、規則都得以證明，都必須證明。其他東西只不過是邊緣性的東西，是次要的東西，他們屬於隱喻，屬於書寫的範疇。

我們再來看看書寫。德希達認為，從前人們在書寫（寫作）中對書寫有過描述，但基本上是持貶低立場的，例如，柏拉圖責難書寫，盧梭對書寫不屑一顧。其間也有一些人做過建構實證的文字學（書寫學）的努力，但都未能擺脫邏各斯中心主義的陰影。只有到六十年代，結構主義與後結構主義才真正地提出了書寫問題。德希達認為，從總體上看，哲學，作為一種用書寫表達出來的東西，卻始終在對書寫進行貶低，例如，柏

拉圖和盧梭都是著述頗豐的人，他們寫了那麼多，卻貶低寫，這不等於在書寫中貶低書寫，以書寫貶低書寫嗎？哲學家們或許是這樣認爲的，他們寫作，但不應該寫作，寫作有悖於思想，因此，寫作最多只是一種權宜之計。難怪美國哲學家羅逖（Richard Rorty）在其〈作爲一種寫作的哲學〉（*Philosophy as a kind of Writing*）中這樣寫道：「哲學書寫，對海德格和康德信徒來說，眞正的目的是終結書寫。」但羅逖指出，德希達卻不指望這種終結，「對德希達來說，書寫導致更多的書寫，而且只會越來越多。」每個哲學家都宣稱自己寫出的是最後的眞理，因此其他人不必再什麼了，但後來的哲學家透過闡釋卻寫得越來越多，有的辯護，有的駁難，只要有人，就有哲人，就會有寫作，書寫不會終結。因此，書寫沒有終結，對書寫的責難也因此不斷加劇。這是自柏拉圖以降對書寫地位的一般看法，也是哲學得以存在的保障，美國文學理論家，解

構主義者庫勒(J. Culler)指出,「這種對書寫
的斥責,在柏拉圖和其他人的著作中相當重
要,因爲把書寫作爲口頭語的再現,以及把
口頭語與意義放在直接而自然的關係中的一
種『聲音中心主義』,與形而上學的『邏各
斯中心主義』是緊密相聯不可分割的,『邏
各斯中心主義』是一種哲學傾向,它認爲意
義秩序(思維、眞理、理性、邏各斯、言語
等)存在於自身中並且作爲基礎存在。」由
此,哲學由於一系列二元對立而立足,也就
是說,二元對立乃是西方哲學或形而上學的
結構原則。在1967年發表的三部論書寫問題
的著作中,德希達的看法是:西方哲學根據
二元對立分析了世界:心靈與肉體,善與
惡,男人與女人,在場與不在場(Presence vs
Absence)。每一種二元對立都是等級制的,
前者高於、好於後者。優先的一類屬於邏各
斯,次要的一類屬於書寫,第一類是在先的、
肯定的,第二類只不過是否定、補充。在此,
邏各斯與書寫的對立是第一位的,其他對立

系統而貶低書寫這種外在物。問題在於，傳統哲學並沒有眞正把書寫拋在一邊，而往往「引狼入室」。德希達寫道：「書寫，儘管與其內在體系不相干，卻不斷被用來表達語言，我們不能簡單地拋棄它，我們應當熟知其有用性、缺點和危險。」這樣，書寫可以作爲一種工具使用，但它是一種不完善的工具，一種有害的、危險的工具。而這種有害和危險正來自於其外在性。在柏拉圖的〈斐德努〉中，書寫被認爲是一種侵略性的人工技術，這種明顯暴力特徵的外來物掩蓋了語言的眞諦和自然的關係，它甚至想以暴力手段篡奪言語的中心地位。因此傳統語言科學都力圖恢復聲音與書寫的自然等級關係，即內在與外在關係，以便使歷史發展導致的書寫對聲音的侵犯得以遏止。索緒爾常常將書寫與政治暴力聯繫在一起，他認爲，「口頭語是如此親密地與其書寫形象捆綁在一起，以至後者設法去篡奪主宰地位。」同時又指出，「無論誰說某一單詞應當在某種方式上

發音都是將音響（Sound）的書寫形象看作了音響自身。」索緒爾始終提醒人們，不要因為書寫是聲音的模仿，就把書寫當作了聲音本身。人們在學會書寫之前就已經學會了說話，這才是自然的關係。通常認為，書寫之出現是為了幫助記憶，問題在於，當人們開始以書面方式寫下來後，就不再去記憶了，人們習慣於「照本宣科」，而不再鍛鍊記憶力，於是，書寫有害於記憶。由於文學的發展，書面語的地位越來越高，人們越來越易於忘掉口頭語，索緒爾寫道：「語言的確有某種獨立於書寫的確定的、穩定的口語傳統，但是書寫形式的影響使我們看不到這一點。」因此索緒爾的研究是盡可能地求助於口頭語，而不是書面語，他並且認為，只有甩掉文字才會靠攏真理。人們不應當向書寫屈服，否則就是受制於情感而喪失了理智，從而走向墮落。言語自認為是父親，既生了自己，又生了書寫這個兒子，但兒子現在要搞顛覆，豈不是要弒父，這豈不是一種

叛逆行為？

　　德希達自有其解決方案。他認為，我們首先應當明白，存在著兩種書寫形式。一種是西方人都已習以為常的拼音文字（Phonetic Writing），它的確是聲音的模仿，因此符合於傳統上所界說的一切二元對立關係。然而，如果僅僅停留於此，就否認了其他文字的意義，也就否認了拼音文字出現之前還存在著文字或書寫。德希達認為，在此之前已經有文字存在，它是一種原書寫（Archi-writing）。原書寫並不是一種絕對優先的文字，而是與分延、痕跡（Trace）同義，它表示的是差異的展開，聲音與文字的對立就是在這一原書寫或差異之內部展開的。因此，在德希達透過有關解讀西方「普遍書寫」（Generelized Writing）的理想而指出，「我相信，普遍書寫不只是一種需要創造出的系統的觀念，一種假設的文字符號或未來的可能性，我相反地認為，口頭語已經屬於這種書寫，但這預先假定了對我們目前預期的書

寫概念要有所修正。」也就是說，普遍書寫實際上是一個現實的範疇，而不是理想的範疇，即便口頭語也已經是這種普遍書寫的一部分。這意味著我們目前使用的書寫概念需要加以修正，也即只有用原書寫這一概念才能代表全部書寫。由於原書寫概念的提出，就不存在什麼聲音對文字的優先性，文字對聲音的衍生性了，因為它們都是原書寫的展開，都是對原書寫的模寫。認定文字是衍生於聲音的，就等於否認這種原書寫。德希達透過世界範圍內文字與聲音關係研究揭示出，原書寫是優先的。他把分延、痕跡看作是這種原文字，因而原書寫不是一種具體文字，而是指一切類似子痕跡、分延和差異地展開的東西。按這種理解，聲音中的音色（Timbre）、音程（Interval）之類因素都具有文字或書寫性質，這些因素破壞了聲音的純潔。原書寫實際上表明的是起源的複雜性，非線性性。

德希達儘管創造了原書寫概念，但他常

常直接使用書寫一詞。之所以如此，他解釋
說，原書寫「本質上與通俗的書寫概念是互
通的」。因此，當德希達在某些地方談到書
寫對聲音的優先性時，萬萬不要以為，德希
達只不過顛倒了文字與聲音的關係，他在此
涉及的是原書寫，而不是通常所謂的書寫。
原書寫相應於分延，而書寫與一種差異原則
聯繫在一起，他寫道：「如果我堅持稱那種
差異為書寫，這是因為，在歷史壓制運作的
範圍內，書寫根據自己的境況，注定意指最
難以克服的差異。」聲音之所以與文字對
立，正因為它總是想要設法消除差異，尋求
「接近」。書寫因此在差異原則內被理解，
但是，「沒有痕跡，差異又不可能被理
解。」、「痕跡即分延」。這樣，書寫最終
衍生於原書寫而不是聲音。德希達認為，聲
音與書寫只不過是同一語言內的兩種不同媒
介，是語言的不同方面。於是，在德希達專
為「書寫」做的「翻案文章」中，並沒有抬
高書寫，而是讓聲音與書寫各得其所，他寫

現了形而上學、二元對立的思維模式，以及
二元因素中前者對後者的壓制是如何產生
的。由於引進分延和差異的概念，這種對立
瓦解了，我們發現，聲音和文字屬於同一語
言的兩個方面，並不存在等級上的差異。這
樣，我們也沒有必要重新劃定孰優孰劣，孰
先孰後，我們只需把聲音和文字同等地看作
能指，進而玩弄能指遊戲。

二、邏各斯與隱喻問題

　　邏各斯、聲音、理性為一方，神話、書
寫、隱喻為另一方，兩者間是對立的，前者
具有優先性。解決邏各斯中心論、聲音中心
論對書寫的壓制問題，不可避免地牽涉到隱
喻。德希達力圖透過訴諸隱喻以動搖邏各斯
的中心地位。

　　按通常的看法，哲學出自於哲學家的精

心思考，它或者反映了客觀事物的運行規
則，或者反映了概念自身演變的規則，它完
全是理性的，是清楚明白的，是透過某種善
良意志可以最終爲人們普遍理解的東西。哲
學本文中不應當存在隱喻，即便存在，也只
是偶有的現象，就像柏拉圖本文中會出現一
些神話，但它只是一種過渡，一個引子，一
個梯子，它是邊緣性的，它無損於完整的理
性形象。哲學是眞理的化身，眞理是無遮蔽
的，它與隱喻是對立的。隱喻是走向眞理過
程中走的一段彎路，是通向眞理的一種迂迴
（A Detour to Truth）。在歷史上，許多思
想家都探討過隱喻問題，然而都把它歸入於
文學範疇中去，文字是隱喻的。這樣，不僅
隱喻，而且整個虛構的東西都是眞理過程中
的迂迴。探討隱喻的學問，屬於修辭學或詩
學範疇。柏拉圖的「理想國」（共和國）是
以哲學家爲王，以邏各斯和智慧治國的理性
國家，因此有必要將以隱喻和情感爲特徵的
詩人驅逐出去。理想的國度遵循理性規則，

因而不能憑想像力治理。即使如此，亞里斯多德（Aristoteles）對柏拉圖還是頗有微詞，因爲後者還不夠理性，他對理念（Idea）之「分有」的說明只不過是「詩意的比方」。顯見，亞里斯多德把「比方」與「詩意」聯繫起來，並明顯地將它看作是低於理性的。

在德希達看來，自從理性主義的集大成者黑格爾辭世以來，各種反理性主義學派的興起使隱喻在哲學中具有了某種地位，尤其是尼采，由於其格言式的、詩意式的寫作風格，使其本文中處處充滿隱喻，充滿暗示，其哲學也因而「詩化」了。從尼采開始，人們不可能再對隱喻置之不理了，而是開始把它看作哲學的固有成份，開始嚴肅地對待它，把它當作本文的本文間性的一部分，《論文字學》的英譯者，美國著名的文學理論家斯匹瓦克（Spivok）曾寫道：「解構批評應當嚴肅地對待隱喻，它不指向眞理，而是本文的本文間性。」德希達把隱喻這一

為傳統哲學所忽視的「邊緣」作為他突破傳統本文之封閉性的口子。他寫了一篇長文，名字叫〈白色神話學：哲學本文中的隱喻〉(*White Methology: Metaphor in the Text of Philosophy*)。該文作為探討「哲學的邊緣」的一篇力作，它要探討的是，「哲學本文中有隱喻嗎？以什麼形式出現？在什麼程度上表現出來？它是偶然的，還是必然的？」按德希達的看法，隱喻並非哲學中可有可無的東西，不存在任何不包含隱喻意義的字面意義（Literal Meaning），一切作品，無論是哲學的，法律的，還是詩歌的，都依賴於隱喻，只能是虛構而成的。柏拉圖、亞里斯多德都系統地探討過隱喻問題，但他們都把字面意義作為基礎，把隱喻意義看作是衍生的。德希達認為，這種看法是沒有根據的。在他看來，哲學本文充斥著隱喻，隱喻義不是字面義的衍生形式，相反地，字面義只不過是隱喻義的特例。因此，他認為，〈白色神話學〉的副標題"哲學本文中的隱

喻”可以改寫爲“隱喻中的哲學本文”。也
就是說，隱喻不是偶然地出現在哲學本文
中，相反地，沒有隱喻，就沒有哲學本文。
傳統哲學都有意無意地使用隱喻，用以幫助
自己闡明觀點和立場。德希達因此指出，隱
喻是「古典哲學一的個要素」，它是「一個
形而上學概念」。實際上，傳統哲學家之所
以否認哲學中存在著隱喻，是因爲他們認爲
哲學範疇作爲能指是直接有指涉的，也即是
與對象──對立的，而未認識到這種──對
應已經打破，原因就在於存在著所謂的隱喻
化過程。最初使用的是意義含混的日常用
語，經過不斷地修正使其越來越遠離感性意
義，轉化爲精神性意義，其間顯然包含著先
行隱喻化，然後抹去其痕跡的工作。但是，
人們忘記了這些，以爲一開始就是如此含
義，即便十分明顯地使用了隱喻，哲學家們
也否認其意義。在柏拉圖的〈斐德努〉中，
在探討「正題」之前，斐德努和蘇格拉底散
步到郊外，漫不經心地談起了一個「神話故

問題，而是用隱喻來說明。柏拉圖用了三個
隱喻，分別名之「日喻」、「線喻」、「穴
喻」。中心隱喻是「日喻」，後兩者是日喻
的補充和發展。日喻的實質是把善理念比做
太陽。

　　可感世界由個別事物構成，這個世界的
主宰者是太陽。太陽是萬物的生長的源泉和
原因。太陽是光的源泉，它引起感官對象的
可感性，眼睛的視覺能力和視覺功能。可知
世界由理念構成，這個世界的主宰者是善理
念。善理念是實在和真理的源泉和原因。它
引起思維對象的可知性，心靈的認識能力和
知識功能。在這裡，儘管我們看出了兩個世
界的區別，但日喻主要不是用來說明這種區
別，而是用來作類比：太陽對可感世界的統
治可以用於說明善對理念世界的統治。柏拉
圖對日喻的概括是：「太陽不僅使我們看見
的事物成為可見事物，並且還使它們產生、
生長，並且得到營養，但太陽自己卻不是被
產生的。同樣，你也可以說，知識的對象不

僅從『善』得到它們的可知性，並且從善得到它們自己的存在和實在性，但是『善』自己卻不是存在，而是超乎存在之上，比存在更尊嚴更有威力的東西。」「顯然可見世界的秩序和可知世界的秩序大抵一致。柏拉圖這個理性主義者顯然背叛了自己的原則，藉助了隱喻來說明理性和邏各斯。然而，從他自己的角度看，他是準備用這一最大隱喻來消除隱喻。理性即太陽，太陽神阿波羅就是理性之神。我們感知世界需要光源，認知世界也是如此，我們因此必須擁有理智之光，因此哲學必須崇拜理性的太陽。德希達認為，整個西方哲學都建立在這一「日喻」基礎之上，一切都必須訴諸理智之光。「日喻」的複雜性在於，一方面善被比作為太陽，另一方面太陽本身也是一個隱喻。為什麼這麼說呢？這是因為，我們感官所及的太陽並不是整體，太陽在自轉著（Turn Itself，Turn有比喻之意），因此始終不可能完全露出真面目。把整個西方哲學建立在這一不確

定的「太陽」基礎上，邏各斯和理性的地位
也因此不可能是牢固的，它們會由於太陽的
轉動而不斷「顛覆」自己。可見，邏各斯無
法擺脫隱喻。

　　德希達用的「白色神話學」這一標題有
兩重含義。首先，它揭示了這種神話學的地
域性和人種性，它是一種歐洲神話學，一種
白種人神話學，泛言之，它是一種西方和西
方人的神話學。白種人的最大神話就是關於
理性的太陽的神話。理性成爲一種用以解釋
一切的神話，具體地講，這種神話即西方的
形而上學。在這種形而上學中，理性排斥非
理性的東西，西方排斥非西方的東西，它既
是西方人的防禦機制，又表現了西方人故步
自封。理性成爲西方人的獨白與自我辯護。
白種人將自己的邏各斯，即自己的語言的神
話看作是理性的最普遍的形式。形而上學或
理性不會受到挑戰，它自奉爲權威和法庭，
任何證據都不可能駁倒它，因爲它始終只傾
聽於己有利的證據。假如挑戰來自理性內

部,這顯然是局部問題,不會動搖整體。如果來自邏各斯和理性之外,辯護者會說,「你沒有說服我,如果你根據(理性的)規則進行推理,我很容易反駁你的證明。」也就是說,你要反駁我,就得服從我的原則。然而,既然服從了你的理性原則,還有什麼反駁可言呢?因此,事實上這也正是一種種族中心主義(Ethnocentrism)的神話。然而,德希達正從「白種人」那裡看出了這一神話學的第二重含義,這是一種「蒼白的神話學」。由「潔白」、「一塵不染」、「純潔」到「蒼白」意味著什麼?理性和邏各斯的自我辯護及其防禦機制是靠不住的,它是禁不住真正攻擊的。把理性作為公則的做法本身是沒有「法律」基礎的。其他系統的文化總是我行我素,並不會認你為中心,並不會向你投靠。相反地,各種「顏色」的存在,使得邏各斯一開始就不「純潔」,例如,古埃及神話早就滲透在古希臘理性觀念中。因此,邏各斯不可能是完全「潔白」的,它受

到了「污染」，柏拉圖以「日喻」建立起形
而上學大廈，就是一個證明，而對這一大廈
的最強而有力的一擊也是來自東方。尼采宣
布「上帝死了」，於是波斯帝國的「查拉圖
斯特拉」（Zarathustra）到山上「韜光養
晦」十年，並下山拯救人類，他要讓人們學
會做「超人」，顯然，西方的理性和邏各斯
也就給「超越」了。況且，黑格爾的辯證法
已經表明，絕對的光明等於絕對的黑暗。不
管怎麼講，理性並不就是那麼高貴，它有其
卑微的出身，正像理性主義之父蘇格拉底出
身卑微（父親是石匠，母親是產婆）一樣。
而且，理性也總是與隱喻作伴，人們總是在
利用隱喻，只不過有時是有意識地讓隱喻服
務於邏各斯，因而隱喻是「活的」，而在大
多數時刻，「死的」隱喻在默默地產生著作
用。德希達並不是要透過指出「日喻」以及
其他隱喻而給理性主義反身一擊，他只是指
出了這一神話在運作，並因此給西方文化增
添了養料。

　　隱喻問題實際上涉及著哲學與文學的關
係問題。按通常的理解，哲學追求眞理，文
學是哲學追求眞理的輔助工具。哲學代表眞
理，文學只是模仿眞理。哲學主宰著文學，
文學是哲學的外人。哲學追求的是形而上的
東西，也因而高高在上，文學旨在揭示理念
在日常生活中的表象，也因此需對哲學俯首
稱臣。哲學明顯優於文學，就像德希達在探
討柏拉圖與瑪拉美的關係的講座中發給學員
的那張材料所顯示的，哲人柏拉圖是父親，
文人瑪拉美是兒子，柏拉圖明顯優於瑪拉
美。然而，由於德希達對於哲學中所含隱喻
的揭示（哲學和文學中都包含著「詩意的比
方」）哲學也就並不那麼純潔、並不那麼高
高在上。德希達也認爲，柏拉圖和瑪拉美的
關係並不像傳統所認爲的，一個代表眞理，
一個是對眞理的模仿。這是因爲，一方面柏
拉圖的〈菲力布斯〉表達的意思是：邏各斯
是最眞的「畫」，它直接模仿理念，是理念
最初的和忠實的形象（模仿），而通常意義

上的畫，畫家的畫，只是對畫進行模仿。德
希達即刻利用了柏拉圖關於「畫」的比喻，
邏各斯和「畫」（寫作、文學也在之列）都
是模仿的，也因此是相互補充的，從而是可
以相互置換的。另一方面，從瑪拉美的〈模
仿〉這一本文看，通常認為，模仿總伴隨著
真理的進程，瑪拉美自己也認為，文學體現
真理，受制於哲學真理。但是，當我們細讀
〈模仿〉一文時，一切都得到置換。〈模
仿〉描述的是丑角的表演，其間有一句話是
這樣說的，「這場面證明的只是觀念，而不
是實際行動。」按常規的理解，我們的結論
是：丑角的表演是在模仿真理。德希達指
出，如此的話，瑪拉美的文學觀就沒能擺脫
哲學觀。事實上，我們完全可以看出另外的
東西來，〈模仿〉有明顯不同於〈菲力布
斯〉的地方。丑角只表演自己，他什麼都不
模仿，他不訴諸邏各斯。丑角實際上典型地
表達了能指遊戲，它不傳達理念，不最終指
向某物。觀眾看丑角的表演，看的是其滑稽

的動作和表情，而不是看動作和表情後面還
隱含什麼。文學如同丑角表演，整個地是一
種能指遊戲，沒了表達真理的任務，也因而
與哲學沒了牽涉。

　　後現代文學藝術中有一重要的手法是拼
貼，德希達的作品中也不乏這一手法。他的
《播撒》一書的〈數字〉部分主要是把索勒
爾的作品引來加以重新拼湊。而將哲學本文
與文學本文拼湊在一起則更具革命性，他的
《喪鐘》一書是這種拼湊的經典之作。將哲
學家黑格爾和劇作家日奈並置，分成左右兩
欄同時探討，使得哲學與文學、父權與母權、
正統宗教和異教之間的關係完全複雜化了。
實際上，我們可以只讀一欄，例如，只讀黑
格爾。然而，我們的閱讀不可能不注意到另
一欄，另一欄構成了它的相關背景，在此，
本文間性起著作用。事實上，德希達希望像
閱讀文學作品那樣閱讀哲學作品，使人們由
對真理的追求，由理智的任務中獲得解脫，
進而產生「本文的愉悅」。邏各斯並不是永

遠輝煌的「吊燈」，它已經華而不實，不可
能再由它來指導文學。由於沒有了哲學的比
手劃腳，文學獲得了自由，而且逐漸浸蝕傳
統哲學的地盤。日奈騷擾著黑格爾，動搖著
他的概念家族。總之，哲學與文學的關係沿
著兩個方向進行調整。一方面，哲學「世俗
化」，從天上回到了人間，從至尊回歸平
常；另一方面，文學從桎梏中解脫出來，並
轉向了純粹的遊戲。

三、邏各斯與邊緣問題

　　在不斷寫作中責難書寫，以神話和隱喻
責難神話和隱喻，這就是哲學在理性這面大
旗下所作的悖謬（Paradoxical）事情。這些
情況表明，傳統意義上所尋求的哲學，追求
真理的哲學已經終結了，當代哲人面對的是
如何收拾殘局。事實上，自從黑格爾這位

「護燈人」去世之後，哲學界就開始了無序狀態。在黑格爾風燭殘年時，叔本華就試圖與他比高論低，在同一個學校開講座，想把黑格爾的學生誘引到非理性的旗幟之下，最後是以失敗告終。然而，黑格爾的逝世使得理性的光芒失色了。叔本華的意志主義，孔德的實證主義，馬克思的實踐哲學紛紛出場，宣布了傳統哲學的死亡，或者說哲學分化了。人文哲學從尼采到海德格，再到「反人道主義」（Antihumanism）的傅柯，科學哲學從孔德（Comte）到羅逖，從整體上來看都是反形而上學的，「哲學終結論」已經成爲一種時髦的說法。

德希達明顯地受到尼采和海德格的影響。但是，德希達似乎不願意簡單地宣布哲學的終結，他要探討的是哲學終結後哲學家應該作些什麼？哲學終結是否可能，如何可能，它意味著什麼？因此我們應在哲學終結本身進行一番思考，但我們的立足點何在？我們對之進行的是哲學的思考還是非哲學的

思考？我們始終處於矛盾的境地。無論如
何，傳統哲學似乎把所有的主題都探討完
了，剩下的只有一些邊緣問題。我們正在跨
越邊界，超出這一界線，哲學已經完全消失。
問題的關鍵在於，我們的跨越本身卻拖泥帶
水，剪不斷，理還亂。我們跨不出去，一隻
腳在內，一隻腳在外，倒有點「騎牆」的味
道。德希達因此一直在探討哲學的邊緣問
題，這是一些收拾殘局的工作，他的每一本
著作都在探討邊緣問題，而有一書直接以之
命名，《哲學的邊緣》差不多是一個宣言。
你看，哲學到德希達那裡已經進展到邊緣
了，然而，德希達卻並不自鳴得意，他將了
自己一軍，「《哲學的邊緣》是不是哲學的
邊緣？」如果說不是，那麼哲學尚未進展到
邊緣，尚有中心論題，而這一中心論題即
「邊緣問題」，這顯然矛盾。但如果說是，
那麼問題依然存在，對於這個邊緣問題，我
們是不是應當繼續探討呢？然而這本身是無
窮盡的，我們永遠無法進展到不是邊緣的問

題。這實際上表明了哲學是「垂而不死」
的。我們永遠無法以生、死二元對立來解釋
之。這意味著對邊緣問題無法用傳統的二值
邏輯來探討。傳統上的哲學只聽自己說，聽
不到外面的說話，現在，我們並不是要強制
它聽來自外面的聲音，而是要讓它的耳朵產
生脫臼，讓它聽到自己內部也有雜音和異
調，從而產生了新的「音響效果」。

　　所謂的邊緣問題，就是傳統哲學所忽略
了的問題。書寫問題、神話問題、隱喻問題、
作品風格問題、前言以及正文的關係問題、
署名問題等都是為傳統哲學所忽略了的邊緣
問題。凡是受到太陽（吊燈）的光芒照耀的
東西，凡是自明的東西都屬於正題、主題、
屬於中心，它們是可以被解說的，是可以為
人接受的。但也有那麼一些隱晦不明的東西
妨礙著理解，暗中破壞著邏各斯的純潔。傳
統的做法是以那最大的隱喻（日喻）來消除
這一切，把它們作為不關宏旨的東西予以壓
制，根本不聽從它們的呼聲。然而，德希達

卻發現，一座高樓大廈完全可能因為幾隻螞蟻打洞而崩塌。既然形而上學大廈中有那麼一些尚未馴服的東西，它就時刻有著解體的危險。這不是讀者特意去尋找紕漏，也不是批評家想獨闢蹊徑，而是因為這些邊緣因素自身的運作導致了本文的解構，就像在柏拉圖那裡，理性主義大廈因一劑「藥」而崩塌，蘇格拉底因一劑「藥」而死亡。

　　邊緣問題是由於「盲視」（Blindness）造成的。之所以有邊緣問題，是因為有一些地方成了盲點（Blind Point），太陽光沒能照到，這些地方成了一些不需要陽光就可以生存者的天堂。然而，問題還不在於此，最根本的盲點可能是由於洞見造成的絕對的光明等於絕對的黑暗，恰恰是在「光天化日」之下產生了驚人的「陰謀」，洞見（Insight）轉化為盲視。保羅・德・曼的一部解構批評著作的書名就叫《盲視與洞見》（*Blindness and Insight*）。有趣的是，德希達認為，透過閱讀盧梭的作品，他發現盧梭在自己的本文中

「說了不打算說的」,「寫了不打算寫
的」,因此他的閱讀使盧梭的盲視轉化成了
洞見。而德‧曼卻認為,德希達在《論文字
學》中把盧梭看作是西方邏各斯中心論的典
型代表,並試圖透過對盧梭本文的解構來確
立自己的解構理論的有關觀點,殊不知,盧
梭的本文早就已經在自我解構了。德希達要
表達的東西,盧梭已經成功地表達了。德希
達顯然將盧梭的洞見當著了盲視,其結果是
導致他自己的盲視。一般而言,德希達比較
看重讀者(批評家)的閱讀活動的解構意
義,而德‧曼看重本文的自身解構。在對盧
梭作品的解讀中,兩個人之間就產生了這一
分歧,這是兩個人之間很少見的分歧之一,
這也是很難得的一次論爭。

德希達仍然是一位讀者,正因為此,他
的「哲學終結觀」才不是理論說教,而是表
現為具體的解讀工作。由於哲學與文學的相
互嫁接,由於哲學的隱喻化特徵,他事實上
承認了哲學的終結。然而,他同時尋找到了

新的視角，他發現終結本身是一個問題。他
的作品因此一直圍繞哲學的終結和邊緣問題
展開遊戲，這也算是對哲學的藕斷絲連。解
構主義徘徊在形而上學與虛無主義之間。傳
統的大門半開半隱有著誘惑，但哲學家不願
再跨進門檻，他一旦進入，大門就會重新掩
上，他就得像西西弗斯那樣被禁閉在完成一
個永遠也無法完成的使命上。但是，他也不
願向虛無主義投誠，他對傳統尚有一絲牽
掛，有那麼一點思鄉病，他也知道，人不可
能完全擺脫自己的傳統。於是，他懷著一種
不那麼虔誠的姿態，反諷地對待形而上學和
虛無主義兩者。於是，他沒有了落腳點，他
停留在一個中間地帶，不斷變換棲居。

第三章
—— 漂泊的主體 ——

　　在當代法國人文科學中，一直以來，存在著所謂的人道主義（Humanism）與反人道主義之爭。

　　一般認爲，人道主義的信奉者在對傳統本文的閱讀中褒揚人道精神，批駁非人性的觀點，而反人道主義者則提倡一種超越於人道之外的客觀精神，拒絕傳統思想中太過人性化的傾向。我認爲，在這兩種主張之外，還有德希達的第三種主張。

　　眾所周知，第二次世界大戰後的法國哲學、人文科學一派生機，各種流派同時或相繼出現在思想舞台上，相互間展開競爭，此消彼長。大體上說，存在主義（包括影響著它的現象學，存在主義的馬克思主義），結構主義（包括結構主義的馬克思主義）和後結構主義（主要是解構主義）是三個最主要的思潮，分別代表了法國哲學、人文科學發展的三個階段。透過這三個流派的研究，我們可以看出「人」在當代法國哲學、人文科學中的命運。一般而言，存在主義強調人，

主張「人是目的」（Man is the end），結構主義要把人從人文科學殿堂中驅逐出去，主張「人已經終結」（Man is end）。而德希達的解構主義則讓人徘徊於兩者之間，也就是說，它在「人是目的」和「人已經終結」間玩弄遊戲。正因爲如此，我們發現，法國當代哲學、人文科學中的「人」一直浪跡於兩個「end」之間。

一、目的抑或終結

　　康德提出的「人是目的」這一名言是其三大批判的最後總結，也是西方（包括法國）傳統人道主義的經典表達。傳統人道主義強調理性、道德、普遍性，表現爲一種人類中心論。當代人道主義已經發生了較大的變化，它關注的是非理性的個體及其生存，是一種自我中心論。但不管怎麼說，人總是

它們立論的根據,「人是目的」是不變的宗
旨。

在德希達看來,戰後法國主宰性的社會
思潮是人道主義,「在這一時期,人道主義
或人類學是基督教存在主義或非基督教存在
主義,價值哲學,人格主義,經典馬克思主
義的共同根據。」德希達從本文解釋的角度
來看待人道主義的主宰性地位,認為它「來
自於對黑格爾的《精神現象學》、馬克思的
《1848年手稿》、胡塞爾和海德格的《存在
與時間》的人類學閱讀方式。」顯然地,根
據德希達的看法,由於時代的處境(對法西
斯主義摧殘人性的反撥),人們在傳統本文
中解讀出的是人的中心地位,讀出了「人是
目的」。

存在主義是人道主義的集中代表,而其
中堅人物是沙特。沙特師承胡塞爾、海德格,
廣泛地受到黑格爾和馬克思的影響。在對如
上大哲的作品的閱讀中,他採取了一種「人
學」立場。我們知道,沙特的哲學作品和文

學作品都圍繞個體的情緒、個體的自由、個
體的選擇和責任而展開。個體是一種情感性
的動物，他不是實存，而是虛無。個體在虛
無中自由地創造，從而體現了自身價值，指
向了自身的目標。他認為，他的哲學將透過
「存在的精神分析」向人揭示出他追求的真
正目的，即「成為自在與自為綜合起來融合
為一體的存在。」他接著寫道：「事實上，
許多人知道，他們尋求的目標就是存在。」
由上面的引文可以看出，沙特不僅把自己的
哲學看作是完全「人學」的，而且認為人應
當關涉自身命運，把自己的存在看作追求的
目的。

　　存在主義和其他思潮合力把人道主義推
向了頂峰，也正是由於這些努力，使人道主
義變成了一種「現代迷信」。這種對「人
道」的迷戀阻止了人文科學的發展。在這種
背景下，出現了種種反人道主義流派，主要
可以分為兩條線索：一是受晚期馬克思思想
影響，把人道主義等同於資產階級意識形態

而加以拒棄；一是受海德格的影響，反對抽
象的人、技術（工具）理性和主體形而上
學。結構主義是反人道主義的典型代表。李
維斯陀在其宣告存在主義死亡暨結構主義興
起的《野蠻人的心智》中聲稱：「我相信，
人文科學的最終目的不是構成人而是消融
人。」於是，法國敲響了「人」的喪鐘。

　　存在主義在傳統本文中閱讀出人和人道
來，它的基本概念是主體（Subject）、自我
意識（Self-consciousness）、個人（Individ
ual）、存在（Being）、歷史性（Historicity）
和人道主義。結構主義在傳統本文中卻閱讀
出了人的死亡來，它的基本概念是「主體移
心化」（Decentrement of Subject）、結構
（Structure）、模式（Pattern）、意指作用
（Signification）、反人道主義等等。結構主
義與存在主義完全是針鋒相對的，例如，存
在主義從馬克思等人那裡讀出的是人道主
義，而結構主義宣稱：「從哲學層次上看，
在馬克思、尼采、佛洛伊德和海德格之後，

人要回歸到是自己整個行為和觀念的主人和
擁有者是不可能的了。」

　　傅柯集中表達了結構主義關於「人」的
看法。在他看來，人的問題既不是人類知識
中的最古老的問題，也不是其最持久的問
題。「人」只不過是十九世紀的一個「發
明」，即他是與特定時期的「知識型」
(Episteme) 聯繫在一起的。自從康德提出
了「我所能知者為何」、「我所應為者為
何」、「我所能期望者為何」三個問題，並
以「人是目的」為哲學宗旨之後，哲學就開
始「沉溺於人類學迷夢中」。傅科認為，黑
格爾和馬克思應當對當代人道主義負主要責
任，他們的觀點仍然影響著當代法國思想
界。然而，「人」已經開始退出知識舞台，
傅柯在《物的秩序》中宣布：「正像我們的
思想考古學很容易證明的：人是最近的一個
發明，他或許接近其終結了。」傅柯的研究
工作就在於探究人是如何把自己設定為人文
科學的中心，他又是如何開始失去尊位的。

人退出人文科學殿堂的跡象已經十分明顯。
從哲學上看，從尼采到海德格再到李維斯
特，都對傳統的主體提出了質疑，從文學方
面看，從瑪拉美到布朗省（Blanchot）也經
歷了主體形而上學的斷裂。傅柯因此堅持地
認為，人從前不是，將來也不是世界的主宰，
歷史是一種無主體的過程。在《物的秩序》
的結尾處，傅柯寫道：「人們的確可以打
賭：人就像沙灘上勾畫的面孔一樣，終將被
抹去。」

　　存在主義與結構主義關於人的看法顯然
是針鋒相對的，前者堅持人道主義立場，主
張人是目的，後者堅持反人道主義立場，主
張人已經終結。

二、在目的與終結之間

　　存在主義和結構主義兩種閱讀方式都屬
於傳統的「二值閱讀方式」，各自片面地強
調了對立中的一極。前者過分關注人的自主
性，後者過分迷戀結構的客觀性，兩種方式
看起來是無法通達的。但是，伴隨著兩派各
自內部的分化，這種靜態的對立慢慢趨於消
逝。德希達透過解構的遊戲，使存在主義與
結構主義之間，人道主義與反人道主義之間
的僵持的對立鬆動了。

　　如果我們再度套用希爾斯・米勒關於解
構主義的界說，我們可以看出德希達關於人
的立場：他的解構主義既非反人道主義，亦
非人道主義，他的工作實際上是透過細讀本
文來清理出結構主義中的人道主義內涵，以
及存在主義中的反人道主義內涵，並且在兩

者間反覆運動。

首先，德希達發現，結構主義並未建立起「空寂的人學殿堂」。按他的看法，結構主義的根本傾向是尋找不受自由遊戲制約的不變的結構和意義，眞理和本源，因此不可避免地停留在形而上學之內，仍然與主體的在場（意識的自律性和優先性）有著不解之緣，也因此無法擺脫人道主義的陰影。在分析李維斯陀的作品時，德希達指出，李氏所反對的只是舊人道主義，與此同時仍然帶著某種期待，希望從人種學(Ethnology)中「尋找到一種人道主義的靈感」。也就是說，結構主義的反人道主義只不過是期望以一種「更好的」人道主義取代舊的「天眞的」人道主義而已。這樣，並不存在無主體的結構運作，主體在暗中活動著。

其次，德希達發現存在主義並非完整的人道主義，它也是向反人道主義開放的。德希達聲稱，沙特等人「對黑格爾、胡塞爾和海德格進行人類學閱讀完全是錯誤的」，甚

至「是一種最嚴重的錯誤」。他發現，在存
在主義讀出人道主義的地方，也可以讀出反
人道主義來。

德希達認為，黑格爾的《精神現象學》
並非一定與沙特所說的「人」聯繫在一起。
他的論點是，現象學是關於「精神自身與自
身相聯繫的現象性結構的科學」，它「與人
類學嚴格地區別開來」。正因為如此，在黑
格爾的《百科全書》中，「精神現象學」列
在「人類學」之後，並「明顯地超出了人類
學的範圍」。存在主義的「人學」建立在對
胡塞爾現象學的「人類學閱讀」基礎上，而
德希達認為，胡塞爾先驗現象的動機之一就
是「批評人類學」，不僅批評經驗人類學，
而且批評先驗人類學。現象學還原之後得以
描述的超驗結構並不關涉人，也不關涉人的
社會、文化、語言、心理，人們可以設想沒
有人的意識是存在的，它是一種先驗的邏輯
結構。海德格是沙特的直接先驅。沙特對海
德格的現象學存在論作人道主義理解，但海

德格明確反對沙特把自己的學說人道主義
化，聲稱人類學和人道主義不是自己思想的
媒質。德希達指出，從《存在與時間》開始，
海德格摧毀形而上學或傳統本體論的努力就
一直是針對人道主義的。

　　顯然地，德希達發現存在主義和結構主
義的閱讀都留有餘地，給對立面留下了一席
之地。德希達於是利用彼此間留有的空白，
把自己的觀點讀了進去。從零雜活者的角度
看，不管是人道主義還是反人道主義，都只
不過是解構可以利用的工具，解構得以展開
的媒介而已。如此，德希達要在超越存在主
義與結構主義的同時，包容它們。

　　德希達關於「人」的看法集中體現在他
的 "The end of man" 這一詞組中，這是收
錄在《哲學的邊緣》中的一篇長文的標題。
通過嫁接存在主義和結構主義兩種閱讀方
式，德希達讀出了近代和現代哲學中包含的
"The end of man" 的含義。如同前面所
說，end一詞包含了兩重含義，一指目的、目

標，一指死亡、終結。德希達不像沙特和傅
柯那樣在兩者間擇一，而是玩弄這兩重含義
的遊戲。也就是說，他對沙特和傅柯所讀本
文進行解構閱讀，從而讀出了更多或歧義
來。

　　首先，德希達重新解讀了黑格爾。儘管
他在前面宣稱，沙特對《精神現象學》進行
完全的人道主義閱讀是錯誤的，他隨後又表
示，在消除了對黑格爾的完全人道主義閱讀
的混亂之後，就必須承認，現象學與人類學
的確是相關的，而且，這種關係不是外在的。
德希達提出的理由是，在《百科全書》中，
「現象學」被置於「人類學」之後不是偶然
的。不難發現，德希達作爲零雜活者的形象
呈現了：從前被用來證明反人道主義的工
具，在此卻用來證明人道主義。按黑格爾的
結構安排，在《百科全書》中，「現象學」
前繼「人類學」，後啓「心理學」。「人類
學」探討的是自然精神或心靈的發展史，這
一發展完成了心靈，同時又向意識開放。人

類學最後一章界定了意識的一般形式，而現
象學的起點還是意識的一般形式。如此，
「意識，即現象學的意識乃是心靈的眞理，
而這一眞理正是人類學的對象，意識是人的
眞理，現象學是人類學的眞理。」這段引文
表明，現象學與人類學密切相關，完全可以
對之進行人類學閱讀。但是，如果僅僅停留
在這一步驟中，我們就會誤解了德希達的努
力。

德希達指出，儘管我們在現象學中發現
了人的踪跡，但我們並不簡單地承認人，
「意識是人的眞理」旣是又不是一個「人學
命題」。事實上，德希達選擇了黑格爾的
「揚棄」（Autheben）這一概念來作爲解
構的突破口。按黑格爾的看法，在其邏輯範
疇的推演（絕對精神的發展）過程中，後面
的範疇總是較前面的範疇在內容上更具體、
更豐富，因而更具眞理性。這是因爲，後面
的範疇保留了前面範疇的合理的方面，而拋
棄了其片面性。於是，「意識是人的眞理」

意味著意識是對人的揚棄，相應地，現象學
是對人類學的揚棄。人被揚棄，按德希達的
理解，既意味著「人的終結（死亡）」，
「人的過去」，又意味著「人的成就」，
「人對自己的本質的占有」（實現目標）。
這樣，這一命題表明，人處於兩個End之間，
是「終結和完成的統一」，而黑格爾的哲學
是「目的論」和「末世學」的統一。

　　胡塞爾認為自己的哲學是一種先驗現象
學的目的論，是理性目的論的最終完成，純
粹意識完全超越於人性之上。但是，德希達
認為，不管胡塞爾如何批評人類學，人性在
現象學中仍然得到了揭示。這是因為，理性
只能是人的理性，意識只能是人的意識。要
說現象學反對人類學，它最多也只是反對了
經驗人類學，這種反對同時卻是對先驗人類
學的肯定。在此，End概念的模稜兩可性仍然
具有意義，德希達寫道：「人是那種與他的
End（在該詞的根本歧義的意義上）相關的
（動物）。」於是，在胡塞爾那裡，「人的

End（事實層次上的人類學局限性）是在人
的End（目的的確定性展開或無限性）的優
勢地位上加以思考的」。這就表明，在胡塞
爾那裡「人的名字總是被寫在兩個End之間
的形而上學中」。

海德格尤其受到德希達的重視。海德格
以此在取代主體的地位，並力圖由其摧毀傳
統的主體形而上學。但是德希達認為，海德
格並沒有擺脫形而上學的束縛。這是因為，
海德格追問存在，這就應當優先確立存在問
題的形式結構，而這種確立活動實際上肯定
了追問者的優先性，提問本身構成了存在的
存在者模式，此在作為追問者而自我在場。
這樣，德希達認為，此在具有十分獨特的性
質：它雖然不具有主體意識，卻又是在場
的；雖然不是形而上學意義上的人，但也不
是人之外的什麼。此在概念因而既在衝破形
而上學傳統，又在向它回歸。

此在的這種模稜兩可性仍然可以歸併到
兩個End的游移模式中去。此在的在此特徵

表明，人還沒有達到自己的目的，即尚未占
有自己的本質，無法蓋棺定論，這樣他也就
沒有面對死亡。但是，此在的優先性在很大
程度上是對人的提昇，作爲存在的揭示者，
他比其他存在物更接近存在，也因而更接近
目的和本質，但是，只有當人「先行向死而
在」時，人才有本眞的存在，因此，人最接
近自己的目的，也就是最接近自己的終結。
於是，人始終處於兩個End之間，處於Telos
（目的）和Death（死亡）的遊戲中。請讀
者自己按照德希達的意思，在End的所有含
義中閱讀如下這一句話：The end of man
is the thinking of being, man is the end
of the thinking of being, the end of man
is the end of the thinking of being.

　　德希達給予人道主義與反人道主義的爭
論一種「後現代主義」解決，在他的視界
中，人始終是漂泊不定的流浪漢。

　　美國著名的文學理論家喬約森‧卡勒
（J. Culler）指出：「人們對解構主義說法
不一：或認爲是哲學主張，或認爲是政治策
略，或認爲是理性策略，或曰閱讀方式。」
他也指出，文學和文學理論學者無疑地對其
作爲閱讀和闡釋方法最感興趣。我所感興趣
的也正是作爲閱讀方式的「解構主義」。後
結構主義者羅蘭‧巴爾特所著的《本文的愉
悅》（*The Pleasure of Text*）道出了包括
德希達在內的後結構主義者們關於本文讀解
的新看法，那就是不求意義，但求愉悅；不
求理解，唯以遊戲態度待之。我們在前面講
過，德希達的作品也有一些理論說明，但總
體上看體現爲具體的本文讀解遊戲。

一、解構閱讀的策略

　　解構主義主要體現為一種閱讀方式，也就是說，它在對本文進行閱讀和解釋中體現出來。解構是對書籍和作品的一種「消費」或「享受」方式，它不是要透過閱讀的中介以便通達理念和真理。德希達主要注重本文的閱讀，他閱讀了許多哲學大師（從柏拉圖到黑格爾，從尼采到海德格，從結構主義者李維斯陀到後結構主義者傅柯）的作品。其間也有許多文學家和詩人的作品，此外，還閱讀了許多繪畫和建築作品。德希達的每一部作品都是閱讀的產物。

　　「解構」一詞，從詞源意義上意指消除結構。因此，作為一種閱讀方式，它顯然不注重固定模式、固定結構。也就是說，解構閱讀不打算制定一套規則，讓每次閱讀都去

遵循之。它唯一聲稱的就是要超越傳統的批
評。它的操作機制表現為：力圖尋找到一些
「邊緣」（德希達用語）或「盲點」（德‧
曼用語），以之作為媒介或突破口，進而發
現本文閱讀的多種可能性，即本文意義的播
撒，本文自身的解構性，並因此重寫本文。
這樣，德希達的作品實際上是對「原文」的
改寫，是對「原文」的「合法地剽竊」。把
原文引來，換個角度重新加以審視和安排，
視野因此有了不同。因此，閱讀不是發現已
經具有的意義，而是發現意義在不斷增殖，
正如美國著名文學理論家，《論文字學》的
英譯者斯匠瓦克女士指出的，解構是一種
「生產性的而不是保護性的」閱讀，這種閱
讀的任務在於，「解構本文中仍然起作用的
形而上學的和修辭學的結構，不是為了拒絕
或拋棄它們，而是以另一種方式重新描述它
們。」那麼，如何去消除這些形而上學結構
呢？透過訴諸能指，而不是訴諸所指，也就
是說，透過純粹的概念遊戲。能指是一件工

具，一把鑰匙，透過這把鑰匙不是打開了通
向眞理的大門，而是通向遊樂場的大門。

　　解構閱讀的策略是：抓住本文的矛盾和
歧義進行重寫，尤其抓住一些有歧義的概
念，例如〈柏拉圖的藥店〉是「藥」（Phar-
makon），《論文字學》是「補充」（Sup-
plement）。透過把這些詞的多重含義一併
置入本文，使得本文產生意義的播撒，從而
動搖了原先的結構。在此，我們應當明白德
希達對概念的獨特運用。解構批評把概念作
爲解構的突破口。它所使用的概念，要麼是
從傳統文化中繼承下來的，要麼是獨創的。
德希達對傳統概念是心存戒意的，他寫道：
「批評性閱讀，要求至少在其軸線上是偏離
經典歷史範疇的，不僅是觀念史、文學史範
疇，也包括哲學史範疇。」然而，在具體閱
讀中，他又發現，這些概念是不可少的，只
有運用它們才能夠動搖它們自己所屬的傳
統。因此應當借用某些傳統概念，同時對之
保持警惕。德希達藉鑑了海德格的方法，把

鋒利的眼光進行切割，然而這張大網並不因此明顯地被割破了，相反地，就像我們在樹皮上割一個口子，不僅沒有看到消減些什麼，反而多了一個腫塊一樣。當我們閱讀時，本文在不斷增生，總是越讀越多。這正是因為本文間性使新的東西不斷被嫁接進來。如此，本文陷入了不確定的意義海洋中，我們無法找到原文，因此是「回頭無岸」了，只得漂浮下去。於是，我們採取了一種新的閱讀方式，我們不去解開這張網，而是參與到編織中去。網總是有網眼的、有空白的，我們隨便在那個眼中插入一條繩子，就可以參與到編織中去。這就意味著，讀和寫是一致的，讀就是寫，或者說讀就是改寫，它們是「單一姿態中的雙重活動」。

由於這一新的姿態，德希達對傳統的兩種閱讀方式提出了疑問。一種是主觀的方式，它在「網眼」中拼命地填塞，而不管這網眼是否受得了，事實上，填塞太多，編織起來是不順手的，因為留的餘地太小。另一

種是客觀的方式，由於謹小愼微地做一切事
情，在閱讀中拒絕加入任何屬於自己的東
西，結果是沒有主見，隨波逐浪，因而一無
所獲。德希達認爲，閱讀活動實際上就是參
與寫作，是一種嫁接活動。在這種活動中增
添了許多東西，但並不是隨意增添，它是在
本文「半推半就」的狀況下塡入的，由於這
種塡入，本文產生增殖，產生意義的播撒。
這樣，增殖是本文和閱讀共同努力的結果。
解構批評家常常將書（Livre）和床（Lit），
筆（Pen）和男根（Pennis）聯繫在一起，
加之將墨水和精液的某種牽強附會的聯繫，
以及比喻性地引入處女膜（Hymen）概念，
我們大體上可以意會這種閱讀的增殖了。

　　儘管德希達不求革命性突破，而只是
「實用地」對待傳統，他還是在傳統閱讀和
解構閱讀間進行了區分，認爲它們是兩種截
然不同的閱讀方式，前者是一種重複性閱讀
（Repetitive Readint），後者是一種批評性
閱讀（Critical Reading）。早在他的那篇引

起轟動效應的〈人文科學話語中的結構、符號和遊戲〉中，德希達就談到了兩種閱讀方式及其區別。他認為，一種尋求的是譯解（to Deciper），夢想尋找到真理和起源，另一種不再關注真理，不再尋找起源，它只肯定閱讀遊戲。第一種閱讀的立意在於進行客觀的解釋，力求讀者與作者的溝通，作者的意圖干預著讀者的閱讀和理解。讀者因此似乎在複述作者的意思。後一種閱讀讓讀者的隨意性增大，作者死了，怎麼閱讀都可以，遊戲性取代了客觀性。

　　德希達傾向於批評性閱讀，但並不因此置傳統閱讀於不顧。批評性閱讀必須有寄託處，傳統閱讀正是它的寄託處。解構批評實際上包含著雙重閱讀，這是因為，解構總有其解構的目標，這就需要有傳統閱讀來進行重複、重建、解釋原文的工作，這一工作不是現成的，解構批評家需為之代勞，先樹靶子，然後解構之。解構批評的堅決反對者，美國著名文學理論家阿布拉姆斯（Abrams）

寫道：「如果我們忽略德希達對一般哲學本文的解構同時包括兩種闡釋模式，而且是有意地雙重閱讀——可以把它們分別命名為閱讀一和閱讀二，它們是不可分的，即使它們是不可調和的，有時也是一致的，相互依賴的——就會誤解了德希達的步驟。」也就是說，儘管解構批評沒有固定模式，但總還是有一些不嚴格的步驟可尋的。如果不構造解構的對象，解構既沒有必要，也無從下手。因此，德希達是承認傳統批評的。這並不意味著他贊成或讚賞之，而是從零雜活者的立場出發，把它看作在手的工具，以便切入到更關鍵的步驟中去。德希達的姿態是，承認這一步驟，但對它保持必要的警惕，他寫道：「重複性批評在批評閱讀中無疑有其地位。當然，要承認和尊重它的所有經典闡釋是不容易的，而且需要傳統批評的所有工具。但是，沒有這種承認和尊重，批評性生產將有著漫無邊際地發展的危險。」如前面所說，解構批評是生產性的，而不是保護性

的，但生產總得有「場地」，播種總得有「農田」，種子飄到石崖上總不易生根發芽，更難以增殖了。漫無邊際，反而一無所獲。

顯然地，應當將第一重閱讀納入到解構批評中，把它作為一個必不可少的戰略步驟（Strategic Step）。然而，它畢竟只是最初的階段，只是暫時性的環節（Moment）。唯有第二重閱讀才能尋找到本文中的盲點和空白，並透過細讀這些盲點和空白而解構本文。德希達的作品都包含了這兩重閱讀。這表明，德希達進行的並不是「暴風驟雨」式的革命，而是「和風細雨」式的改良。很奇怪的是，許多研究者把德希達看作是一個顛覆者。遊戲不具有暴力特徵，我們發現，德希達的意義在於把我們由對真理的迷戀引向閱讀的歡悅。我們在第二節和第三節中追隨德希達解構閱讀的兩個例子，以求了悟其神韻。

二、「柏拉圖的藥店」

西方哲學史都是由柏拉圖主義一線串起來的。但德希達並不簡單地給柏拉圖戴上「形而上學之父」、「邏各斯中心論之父」的「高帽子」就了事。他反覆地用筆去戳柏拉圖的本文，他試圖看出更多的東西來，他因此走進了「柏拉圖的藥店」。

〈柏拉圖的藥店〉最初發表於1968年的《太奎爾》雜誌的第32卷和33卷上，後作為《播撒》的第一部分發表。德希達在該篇長文中讀寫的是〈斐德努〉（*Phaedrus*）篇。按通常的看法，柏拉圖在該篇中探討「修辭問題」，德希達認為探討的實際上是「書寫問題」。書寫問題是德希達關於邊緣問題之探討的一個「中心」。

〈斐德努〉是一篇有爭論的作品。總的

看來，它被認爲是一篇「糟糕透頂」之作。
在漫長的歷史歲月中，史家一直認爲，正由
於它係柏拉圖牛刀初試，才會如此不成熟，
如此糟糕。時過境遷，到二十世紀之初，柏
拉圖的年老無能被看作是「敗筆」的原因。
這是爲什麼呢？整個西方哲學和文化傳統一
直都不能合理地解釋，柏拉圖寫了那麼多東
西，爲什麼還要批評寫。

　　存在主義的始祖祁克果（Kierkegaar-
d）在其〈反諷的概念〉（*The Concept of
Irony*）中認爲，柏拉圖的全部作品都是反諷
的。德希達的看法亦是如此。他認爲，〈斐
德努〉處處充滿反諷，充滿不確定，柏拉圖
在其間藏了「漂亮的一手」。在德希達看
來，只有那些沒有眼光的，遲鈍的人才會從
解讀中發現，柏拉圖只是簡單地遣責寫（寫
作、書寫）的活動。因爲，〈斐德努〉在自
身的書寫之中，實際玩弄著拯救書寫（同時
也意味著引起它的喪失）的遊戲。正是這篇
沒有定論的文章，使德希達有了一個玩弄嫁

接遊戲的機會。

　　我們讀〈斐德努〉，實際上是要讀出該文「所不知道的東西」，「沒有明確說出的東西」，「說了但沒有打算說的東西」，「打算說卻未能說出的東西」，因此它是一個「無底洞」，不存在意義完整的〈斐德努〉，它有許多盲點，需要我們和柏拉圖一塊兒創作。「寫作即嫁接」，「不存在任何原文」，因此，看似德希達寄生於〈斐德努〉中，實際上人們卻無法分辨出寄生者和寄生體來。於是，德希達自由地移植來自古希臘神話，智者的觀點，柏拉圖的其他作品，同一概念的不同意義，讓它們在〈斐德努〉這片「處女地」上生根發芽，進而「維雀有巢，維鳩居之」、「喧賓奪主」，呈現一個新天地。

　　德希達讀了，因此嫁接柏拉圖的〈斐德努〉。他說柏拉圖開了一個「藥店」，我們偶爾聞到〈斐德努〉中有些絲「藥味」，卻不知道柏拉圖是開「藥店」的。更無從想

到，「店」裡儲存的都是萬靈「藥」。即使
我們聞到「藥味」，我們也不當回事，它充
當的是一個邊緣角色，我們由它深入「中心
主題」，也即「修辭問題」。修辭問題關心
的是如何說好，如何寫好，是一個十分「嚴
肅」的主題，是不能亂開「藥方」的。但是，
「藥」在「店」中卻異常活躍，它們不滿足
於被陳列，而是自得其樂，它們在玩，它們
自我表演，「藥店」也成了「劇場」。一切
似乎都循著「藥味」轉，「藥」成了線索，
成了中心，正因為此，也就沒有了線索，沒
有了中心。這是因為，「藥」是非定指的。
「藥」不是邏各斯，而我們通常只被邏各斯
牽著鼻子走。但是現在，「藥」成了線索，
我們只聞到「藥」味，我們被迷惑了，我們
進入了迷宮，我們是不是吃錯了「藥」？

　　德希達得意地向我們炫耀他的發現：柏
拉圖在〈斐德努〉開篇就簡明扼要地引出了
Pharmacia的故事，這不是偶然的，不是一碟
「餐前小吃」。蘇格拉底和柏拉圖本來迷戀

於邏各斯，卻在這篇有爭議的著作中喜歡上
了神話。蘇格拉底和斐德努來到ILissus河邊
的一棵梧桐樹下，這是一個相當美妙的休憩
處，滿是「夏日的聲音和氣息」：微風、蟬
鳴、綠油油的草地。蘇格拉底陶醉於這鄉間
美景之中。他平生不願越城門之外一步，這
次卻遠足於鄉間。他怎麼了？是不是吃了迷
魂藥？在行進途中，斐德努問蘇格拉底，他
們將到達的目的地是不是北風之神帶走
Orithyia的地方。儘管答案是否定的，故事卻
引出了蘇格拉底接下來對Pharmacia的故事
進行一番解釋：當Pharmacia和Orithyia在
那「純潔」的泉邊玩時，Orithyia被北風括
起，摔死在懸崖之上。柏拉圖沒有進一步解
釋這個故事，它只是一段插曲，因為蘇格拉
底表示過，他不願意在此「多費腦筋」。在
探討這類神話之前，他寧願首先遵循德爾斐
的銘文：認識你自己。邏各斯優於神話，在
柏拉圖和蘇格拉底那裡，這是理所當然的。
當我們尋著通常的思路看本文時，對話按照

柏拉圖的「意願」轉向了「正題」。但是，
德希達卻不願立刻跟上柏拉圖的步履，他停
了下來，他覺得Pharmacia這個人很有意
思，很好玩，因此要和他玩一陣子。Phar-
macia擁有一條清澈淳淨的泉，Orithyia是一
位純潔的處女，當她在泉邊和Pharmacia玩
時，突然遭到死亡之神襲擊，喪失了純潔，
喪失了生命，在純潔的泉邊喪失了純潔的生
命，純潔爲何致純潔於死地呢？德希達的
「野性的思維」提醒我們：Pharmacia也是
Pharmakon（藥）的管理者！「藥」是什
麼呢？它是毒性的抑或良性的？Pharmacia
的清泉眞正「清」嗎？眞正純潔嗎？德希達
告訴我們，不是他自己想玩遊戲，Pharmacia
本來就是一個善玩遊戲者，「正是透過玩遊
戲，Pharmacia把一個處女的純潔和尙未被
滲透的內在引向了死亡。」在遊戲中，一切
都是可能的。

　　我們當然注意到了，蘇格拉底之所以走
出城門，同樣是因爲受了「藥」的誘惑，也

因此同樣失去了「純潔」。蘇格拉底對斐德努說：「你似乎發明了一種藥，把我引了出來。」這一句話在〈斐德努〉中算不了什麼，它只不過是一種「詩意的比方」而已，德希達引述之，進而使之成為理解本文的中心線索。按德希達的解釋，「透過誘惑而運作，藥使人們遠離自己一般的、自然的、習慣的方式和法律，在此，它把蘇格拉底引出了他所適合的地方和通常的軌跡。」德希達發現，蘇格拉底的確聞到了斐德努身上的「藥」味。斐德努從雄辯家呂塞斯家裡聽完演說走出來，蘇格拉底纏上他，要他談談呂塞斯的演說。然而，當斐德努要複述時，蘇格拉底要他交出那個「寶貝」，即斐德努大氅下的那本「有魔力的書」，那本呂塞斯的書來。「書」即「藥」，「書」引來了許多超越邏各斯的「神話故事」。柏拉圖在這樣做的時候未曾料到，自己準備了「漂亮的一手」，不僅維護了自己「邏各斯之父」的尊位，而且寬容大度，居然讓德希達這樣的

「邏各斯之棄兒」也尋找到了溫暖。

德希達從〈斐德努〉的兩個神話中嗅出了「藥」味。Pharmacia的故事引出書寫與「藥」的關係，Theuth的故事被用以解釋之。蘇格拉底傾向了排斥神話，因為神話和邏各斯是對立的。他表示自己對神話沒有興趣，儘管有了前面所說的Pharmacia之插曲，他馬上表示要送走神話。不喜歡的客人來了，怎麼辦呢？以各種藉口早點打發走為上。然而，德希達發現，蘇格拉底從前門把客人送走，又從後門迎了進來。「蘇格拉底以送走神話開始，然後在書寫問題面前打斷」，「他發明了兩個神話」，而且「這完全不是勉強的」，「而是比其他著作中，其他地方都更自由和自發」。神話以書寫的名義回來了，理直氣壯地，而不是「勉強地」回來了，矛盾顯然出現了。按蘇格拉底之「理」，神話的再度出現無疑是對邏各斯的威脅。書和神話是一致的，兩者都與邏各斯，與辯證法區別開來。但德希達力圖表明，從

「藥」的運作看，神話的再度出現也是合理的。神話作為書寫並不是壞事，蘇格拉底並不一般地、籠統地責難書寫，「蘇格拉底仍然有著中性的態度，書寫自身並不是可恥的，不體面的活動，一個人只有在以不光彩的方式書寫時才是不光彩的。」這說明，兩個神話之被利用，是由於它們是「好的」、「光彩的」。利用「好的」、「光彩的」神話因而是必要的、可以的。

柏拉圖實際上以邏輯的態度、理性的態度對待神話，並且用神話作為一種工具來表達書寫的真理。神話和書寫都不是知識，而只是知識的工具，是對知識的重複、複寫。柏拉圖因此以「重複而沒有知識」的神話來探討「重複而沒有知識」的書寫。由於引進神話，邏各斯以及邏各斯和神話的關係就只能建立在關於書寫的「寓言譜系」之認知基礎上。不透過神話不透過關於書寫的神話，我們無法把握邏各斯自身，因此在這一原始點上，神話已經向邏各斯偷襲了「第一

拳」，它甚至已經打入邏各斯的心臟，沒有
神話，邏各斯之絕對光明無異於絕對晦暗。
這樣一來，蘇格拉底和柏拉圖對神話的指責
和指控就被迫撤銷了。神話向邏各斯偷襲的
第一拳實際上是一種定性，有了「第一」，
就為以後的襲擊打開了方便之門，因此它實
際上表明的是神話對邏各斯的不斷衝擊。可
見，在指責神話的柏拉圖作品中引入神話並
非偶然，「這種哲學（邏各斯、理性）和神
話的相契合指向了某種更深刻地隱藏起來的
必然性。」德希達並且更進一步地指出：
「要探討柏拉圖神話與其他神話間的關係，
首先應當深入潛存在西方邏各斯之起源中的
神話原則和哲學原則的關係的一般困難，也
就是說，關於歷史的（擴大的歷史）困難，
它整個地在神話和邏各斯的哲學差異中發
生。」西方哲學（文化）史並不純粹是邏各
斯的歷史，邏各斯和神話在這種歷史的開端
處即有千絲萬縷的聯繫，而其演進只不過是
神話和邏各斯的差異的展開。這表明，柏拉

做出了與Theuth相反的裁決：由於人們不
再使用記憶，這種發明只會產生遺忘，他們
會由於相信外在書寫符號而不去記住它們，
「你發明的藥不是有助於記憶，而是有助於
回憶，你給予學生的不是眞理，而是眞理的
假相。」

　　在〈斐德努〉中，我們發現蘇格拉底用
這個故事來說明好的（內在的）書寫和壞的
（外在的）書寫，而不是籠統地責難書寫。
外在的書寫（Theuth的書寫）如同繪畫一
樣，當人們拷問它時，它沉默不語，旣不能
爲眞理辯護，又不能爲自己辯護，因此是死
的，是不受父親保護的孤兒、棄兒（王不承
認其地位），但它也是一個逆子，它對父權
（王代表言語）提出挑戰。「原文」大抵上
就是這麼簡單，但德希達不願滿足於此，他
在「藥」字上做文章。「藥」是一切遊戲的
媒質、載體。

　　蘇格拉底談到過遊戲。他把心靈上的書
寫比做農民的耕種，他勤奮地工作以求有所

收獲。但外在書寫就如同星期天園丁，爲了
玩或消磨時光而種植。德希達因此認爲，柏
拉圖並不是簡單地責難遊戲，而是嚴肅地對
待遊戲。蘇格拉底和柏拉圖不可能自覺地參
與遊戲，我們也因此無法從字面上直接發現
柏拉圖本文的遊戲性。但是，從「藥」字中，
我們發現了遊戲的踪跡，「藥在一個意指鏈
中被捕捉到，那種鏈條的遊戲似乎是系統
的，但是，此系統並不簡單地是一個叫做柏
拉圖的作者所意圖的系統，這一系統並不源
初地是某人打算說出的系統。透過語言遊
戲，透過該詞的不同功能以及包含在其內的
文化的各種層次和部分，精緻地設計的溝通
建立起來了。」也就是說，我們在「藥」這個
詞所包含的各種功能及其文化沉澱中發現，
柏拉圖無意中也成了一位玩遊戲的高手。儘
管柏拉圖並沒有自覺地參與這一遊戲，遊戲
鏈卻依然運轉。因此「藥」的歧義使柏拉圖
對遊戲的嚴肅態度消失了。在「藥」這一媒
介中，一切都可以嫁接起來。

　　德希達引來各種關於書寫的神話系統，
他發現這些系統是相互指涉的，相互溝通
的，相互「污染」的。於是Theuth的故事不
是獨特的，不是一個叫做柏拉圖的人的別出
心裁的虛構。當然，這個故事明顯地因柏拉
圖而受到某些限制、某些局限，並有許多晦
暗不明處。只有讓它回歸到神話的大家庭
中，才會明白其更為廣泛的內蘊。也就是說，
Theuth的故事之晦暗處可以透過引進其他
神話而得以昭示。我們不應當滿足於柏拉圖
所敘述的那一簡單故事，我們應當從字裡行
間看出更多來，讀出更多來。於是，德希達
嫁接進來了其他書寫神的故事，而嫁接的媒
介是「藥」，他寫道：「Pharmakon一詞似
乎特別適合於把這一致的所有線索拴在一起
的任務」。於是，Theuth的故事因其他神祇
（如Hermes, Thoth）的參與而遊戲，運作
起來，變得豐富起來，產生意義的「播撒」。

　　　德希達主要是引述了Thoth的故事。
Thoth和Theuth顯然有某種親緣關係，或許

是對同一神祇的稍有差異的音譯。如果是這樣，柏拉圖就是在故意地使故事簡單化，但無論如何是抹不去痕跡的。我們倒不妨先看看Thoth的複雜的身份（Theuth因爲這些身份的被遮蔽而顯得十分蒼白）。他也是古埃及的書寫神、月亮神，是太陽神Ra的長子。長子顯然在王室中具有特殊的地位，他佩著太陽神的標幟，是太陽神的發言人、解釋者、傳令官、抄寫員、委託人和秘書。在太陽神Ra不在場時，他出面替代Ra，就像月亮在夜晚總是替代太陽一樣。Thoth顯然是處在一人之下，萬人之上的尊位，但這畢竟是第二層次的地位。他如果滿足於這種地位，一切就都是正常的，「這一替代過程，實際上發揮的是痕跡和補充的功能，是純粹的能指遊戲，替代的替代一直持續下去都是可以的。」但是，這一替代鏈表明，Thoth不是創造神，他要成爲創造之神，眞正的主宰者，就必須「透過歷史的移位，有時透過暴力的顚覆。」Thoth的情況正是如此，他參與陰

謀，支持兒子拋棄父親，支持弟兄推翻已成
爲國王的兄長，支持弒父行爲。情況於是變
得複雜起來。

　　一般而言，Thoth的替代作用對於Ra旣
是有益的，又是有害的。Ra無暇照顧的事情
由Thoth幫忙料理，言語無法顧及的事情由
書寫來補充，當然是十分有益的。然而Thoth
對自己「名不正，言不順」的處境表示不
滿，他想推翻Ra的地位，他想掌實權，書寫
想殺死言語而替換之，這就是有害的了。透
過Thoth故事的引入，我們對Theuth有了新
的解釋：從Theuth的角度看，書寫是有價值
的，因爲它補充言語、記憶、眞理，但從
Ammon的角度看，書寫是有害的，因爲它動
搖了王的、言語的權威。王只是說，只是口
頭命令，他不知道書寫爲何物，他不願沉默。
書寫默默無言地對抗言語的權威，它要使言
語死去。這就表明，書寫是一劑有正負兩種
效應的藥。

　　Thoth旣是死亡之神，又是醫療之神。在

古埃及神話時期，Thoth主宰著死亡機構，是
書寫、數字、計算的主人，他不僅要記下死
者的靈魂有多重，而且要算出生命的日程，
列舉其生平事蹟，看來，未蓋棺已定論了。
與此同時，Thoth又是醫學之神，「書寫之
神，知道如何結束生命，也可以治療，甚至
醫活死者。」我們在故事中發現，Thoth參與
Seth肢解兄長Osiris王的陰謀，殺死了Osiris
（這表明，他是死亡之神）。後來，Osiris之
妻Isis找回各種肢塊，拼合在一起，但生殖器
無法找回。Thoth是一位有智慧的神，他讓
Isis變成一隻禿鷲，躺在Osiris身上，結果生
下了Horus。Horus成人後開始復仇，在戰鬥
中Thoth充當醫生的角色，縫好兵士們的傷
口，接好他們的斷臂殘肢（這表明他是醫療
之神）。Thoth在整個陰謀活動與復仇活動
中充當了複雜的角色：他是死亡之神，又是
醫療之神；他既參與了謀殺王的陰謀，又助
王生產了一個復仇的兒子；先是利用Seth反
對王，後來又攻擊Seth並為王作辯護。這正

代表了「藥」的主人的「兩面派」品格。如果不嫁接Thoth，我們在〈斐德努〉中怎麼會看出Theuth的這種品格呢？

由於Thoth的如上品格，子／父、臣／王、死／生、寫／說、月／日等等之間的關係就不是二值的，而是被納入到了遊戲鏈之內。按德希達的說法，「Thoth感興趣的不是生或死，而是死之作為生的重複，生之作為死的預演。」這就表明，Thoth具有的是一種媒介品格，他「成為對立雙方的絕對通道」。他使自己與對方區別開來，卻又模仿之，成為其符號和代表，遵從之、取代之，如果需要的話，以暴力的方式達到這一目的。這樣書寫神是「三位一體」的，他同時是自己的父親，自己和自己的兒子，「在差異遊戲中，他不可能固定在一個地方，和Hernes一樣，他是使遊戲運轉起來的人。」Theuth和Thoth作為跳棋和骰子的發明者，看來是意味深長的。

這樣，透過Thoth的嫁接，由於遊戲的引

入，Theuth故事中書寫與言語、死的書寫與活的書寫之間的簡單的二元對立爲能指的遊戲所取代。書寫之「藥」，不簡單地是有益的，也不簡單地是有害的，還包含著更多。

Thoth的故事使我們取消了書寫與言語的簡單的二元對立。當我們回到「柏拉圖本文」時，立刻面對的一個問題是Pharmakon如何譯。通常把它譯爲Remedy，一種有益的藥。從Theuth的角度看，這一譯法是適當的。但這只照顧到了一重含義，還有另一重含義，即「魔法品格」的含義被忽略了，從王的角度看，藥的後果可能是相反的，它會加重病，而不是治癒之。Pharmakon很可能是毒藥(Poison)，即便好的「藥」，也會產生相反的效果。按德希達的看法，從Theuth的角度進行的理解，堵塞了對立價值（不同價值）之間的溝通，而王的理解恰使溝通有了可能。即Theuth的理解消除了歧義，而王的理解卻使「字謎遊戲」運轉起來。於是，同一詞在不同地方的不同功能交織起來，同

一個詞可以嫁接該詞的不同意義。德希達因
此指出，不能只用一個含義去譯它，「當
Pharmakon一詞的本文中心舞台即便在其
意指Remedy時，也引用，反覆引用，並在不
同地點，在舞台的不同層次上明顯指向Poi-
son時，從這些翻譯中選擇一個，其首要的後
果是使引文遊戲中的『字謎遊戲』中性化
了。」德希達認為，這種「中性化」傾向在
柏拉圖與他的語言的關係中，尤其是在翻譯
成現代文的本文中早已運作了。如此，解構
閱讀不是為兩種含義的那一種辯護，而是應
當讓兩者充分地遊戲起來，他指出，解讀
〈斐德努〉，「就是接受、尋覓並分析這兩
種力量或兩種姿態的構成。」這兩重含義的
不斷替換，使我們面對著意義的無底深淵。

　　Pharmakon這同一詞的不同意義之相
互引用是最重要的嫁接形式。一般而言，柏
拉圖是反對兩種意義的過渡的，因為這意味
著對立雙方的混淆。然而，由於「藥」的奇
特魅力，由於「藥」提供媒質，這種過渡成

作用，即便是用於治療的藥的情況下，帶著善良的意圖利用之，甚至看起來十分有效果，也不能排除其負效應，柏拉圖因此認為「不存在沒有害處的Remedy這樣的東西，藥永遠不會只是有益的。」柏拉圖發現藥的有益品格並不能阻止它產生傷害，〈普羅泰哥拉〉（*Protagoras*）就把藥列在既有益又讓人痛苦的東西之列，〈菲尼布斯〉總是在混和物中捕捉藥，例如透過抓而止癢，顯然是一種痛苦的愉快。「抓」可以止癢，但把人抓傷了。藥的治療作用之所以同時是有害的，是因為它是人工的。柏拉圖遵從古希臘傳統，認為藥與自然生命相違背。自然生命和病態的生命都有其常規的發展形式，不容「藥」來攪亂。正因為此，柏拉圖在《蒂邁歐》（*Timaeus*）中，主張用自然療法或攝生法調理疾病，這無疑是古希臘人熱衷於健身活動的一個例證。顯然地，在Remedy的意義上使用Pharmakon產生了負效應，Remedy因此是一種危險的補充，正像在盧梭那

裡，手淫是一種危險的補充一樣。

如果把Pharmakon譯作Poison又怎麼樣呢？很少有人注意到作為Poison意義的Pharmakon的運作。德希達告訴我們，把蘇格拉底從城中引到鄉間的不是Remedy，而是Poison的一種麻醉藥，蘇格拉底最後也是因Poison而死的（飲鴆而死）判處蘇格拉底死刑的法律（書寫）當然也只能是Poison，這都不是偶然的。Pharmakon的確具有麻醉品格。問題在於，不僅書寫是這種藥，言語也成了這種藥，邏各斯也成了這種藥。

蘇格拉底主張對話與言談，而不是書寫，因為前者是嚴肅的、理性的，後者則具有遊戲性，它不一定是嚴肅的。然而，在藥的運作中，德希達發現，言談（邏各斯）也是非理性的，「人們會發現活的邏各斯的『非理性』，其陶醉人的誘惑力量，其催眠的迷狂，其煉金術般的轉化，這使之與巫術和魔法有親緣關係。」這表明，邏各斯同樣具有「藥」的品格，而且這種品格不是通常

所說的那樣是淨化的（Remedy），而是害
人的、蠱惑人的（Poison）。德希達在邏各
斯的「純潔」中嫁接進了藥的「魔法般」的
品格。這並不奇怪，因爲蘇格拉底的對手，
智者高爾吉亞（Gorgias）曾指責過「邏各
斯的撒謊品格」。德希達因此斷言，「透過
言談而進入心靈的說服的確是藥。」蘇格拉
底被起訴的原因恰恰因爲其言談是蠱惑性
的，他被看作是毒害青年的魔法師、巫士。
德希達肯定地斷言，「柏拉圖對話中的蘇格
拉底常常有其Pharmakeus（魔法師、巫士、
放毒者）這一面孔。」蘇格拉底被看作是哲
學家、愛智者、理性主義者，但也被看作是
魔法師、放毒者、巫士、甚至是一個騙子，
這表明，蘇格拉底是一劑包容性很強的藥，
他沒有固定的形象，「他是這樣一種存在，沒
有什麼非矛盾地定義的邏輯可以包容之。」

　　Poison是壞的，有害的？但它也會是有
益的，比如蘇格拉底所飲之「鴆」，「鴆，
那種在〈費多〉（*Phaedo*）中只被稱作Phar-

makon的Potion（麻醉劑，毒藥）作為一種
Poison呈送給蘇格拉底，然而透過蘇格拉底
式邏各斯的影響和〈費多〉的哲學論證，它
被轉化成了一種解脫方式，一種趨向拯救的
方式，一種導泄的力量。」「鴆有一種本體
論後果，它引起人們對理念和心靈不朽的思
考，這乃是蘇格拉底的看法。」蘇格拉底
「藥死」了自己，但是，肉體雖逝，心靈永
存，Poison因此成了新生的契機，顯然是有
益的。

我們之所以發現藥有如此多的歧義存
在，是因為不存在自身封閉的柏拉圖本文。
當我們解讀柏拉圖時，我們並不限於柏拉圖
的作品，「『藥』已經與整個家族的所有詞
溝通，與所有從同一詞根中構成的意指溝
通。」也就是說，透過運動和遊戲，藥的一
種意義進入到了另一種意義並旁及其他。

十分有意思的是，蘇格拉底之被「藥
死」，也是符合「藥的邏輯」的。柏拉圖這
個理性主義者驚嘆於蘇格拉底的「言談」

（邏各斯）的魅力，使用Pharmakeus來形象化地表達蘇格拉底，本來是打個比方，豈料就成了真。Pharmakeus譯作現代西方用語，大抵有Wizard, Magician和Poisoner之意，即中文的術士、魔法師、放毒者。蘇格拉底是術士、魔法師和放毒者，因此受到指控（不敬本邦之神，毒害青年），並被判定有罪。然而，更具戲劇性的畫面是，蘇格拉底成了一個替罪羊。德希達從詞源上發現，Pharmakeus一詞與Pharmakos一詞是相通的，但前者的現代翻譯遮蔽了後者的另一重含義，即替罪羊的含義，傳統的蘇格拉底詮釋者都沒有注意到這一點。蘇格拉底不是冷靜的理性主義者，而是一個具有魔法品格的人，因此瀆神並毒害青年，進而受控，成為罪犯，被關了起來，同時也成了替罪羊。

替罪羊被用於滌罪。在古代的雅典，一般挑出兩個人，一男一女，在Thargelin舉行這種滌罪儀式。替罪羊被看作是外來侵略或災難的代表，因此是罪惡的。應當注意「外

來」一詞，雅典人認為，他們的城邦本身不
會產生罪惡，罪惡從外面來到，透過滌罪儀
式，罪惡就可以被逐出城邦。德希達發現，
問題並不如此簡單，這種代表外來罪惡的替
罪羊實際上是在雅典內部選擇出來並加以豢
養的，「雅典通常用公款維持一定數量的墮
落而無用的人，當災難降臨城邦時，他們把
其中兩個作為替罪羊獻祭。」在此，內與外，
純潔與罪惡，有益與無益等傳統對立再度失
去根據，而只能在鬆動的邊緣線上滑動，
「Pharmakos的儀式因此在內與外的邊界
上進行」。「他是有益的，因為他淨化，他
是有害的，因為他代表罪惡的力量。」不幸
的是，蘇格拉底這個道德說教者，傳統上被
公認為「公正、善良、純潔」的人，卻作了
替罪羊，這正表明，蘇格拉底並不那麼純潔。

　　德希達把人們通常用於確定蘇格拉底的
生卒年的有關資料，用於他的遊戲。蘇格拉
底並沒有被當作Pharmakos，至少史料上沒
有告訴我們這一點。然而，德希達卻有自己

的理由，因為，根據第歐根尼・拉爾修(Dio-
genes Laertius)的說法，蘇格拉底「出生在
Thargelin的第六天，正是雅典人為城市滌罪
的那一天。」德希達解釋說，「儀式的時間
是值得注意的，Thargelin的第六天，這是他
出生的那一天。他的死（不僅僅因為一種藥
是其直接原因）相似於由內部而出的替罪
羊，這就是蘇格拉底。」蘇格拉底是玩遊戲
的高手，然而卻玩到了自己頭上。但遊戲並
不因為他的死而停止，蘇格拉底的形象將始
終穿行於崇高與漫畫之間，而後者或許會越
來越易於被人接受。

透過「藥」這一個十分尋常的用詞，德
希達解構了柏拉圖主義傳統，於是，邏各斯
與隱喻言語與書寫，理性與非理性，內部與
外部等傳統二元對立，以及前者對後者的主
宰地位都被瓦解了。蘇格拉底，這個理性主
義的祖師爺自己也成了理性主義的叛逆者，
並因之成為它的棄兒。這就是德希達的解構
策略在輕鬆和遊戲中所包含的革命性意蘊。

三、「那危險的補充」

　　我們走出了柏拉圖的「藥店」，但我們仍然流連Pharmacia的「純潔的」泉。大自然陶醉著我們，我們如痴如醉。在夢幻仙子的指引下，我們漫步到了盧梭的「家園」。廣闊的森林、清流的小溪、零星點綴的「野蠻人」。沒有私有財產，沒有社會的不平等，人與人老死不相往來，這就是「自然狀態」，盧梭的「夢裡田園」。

　　盧梭在《愛彌爾》（*Emile*）中寫道：「令人不愉快的夜晚所做的夢作為哲學呈現給我們，你會說我也是一個做夢者，我承認這一點。但我做了他人所沒能做的事，我把我的夢作為夢奉獻給大家，讓讀者去發現，其間是否存在著一些被證明可能對清醒者有用的東西。」「夢」意味著什麼？要知道，

德希達的《論文字學》這一巨著正是以這一段引文結尾的。德希達在盧梭的「夢」中大做文章，透過盧梭這個邏各斯中心主義者的「夢」來「夢殺」邏各斯中心主義。

德希達的《論文字學》分成兩個部分，第一部分叫做「字母前的文字」 (Writing Before the Letter)，透過評論前人或西方文化圈外在「文字學」方面的「實證」努力，勾勒了他自己關於文字的「理論基質」(Theoretical Matrix)。在這一部分，既追尋了「文字學」的歷史演變，也提出了自己的批評性觀念。第二部分叫做「自然、文化、文字」 (Nature, Culture, Writing)，第一部分提出的有關批評性觀念 (解構性觀念) 在這一部分中被用於閱讀實踐。德希達在序言中明確地指出，這第二部分主要是閱讀「盧梭的時代」，主要閱讀著作則是《略論語言的起源》(*Essay on the Orgin of Languages*)。德希達告訴我們，他的解讀儘管尊重或至少盡力尊重經典常規，但作為一種批評

性閱讀必然偏離經典範疇和概念。因此，德
希達要尋找一個突破口用以「非經典地」解
讀盧梭的著作。十分明顯的是，德希達不可
能只就《略論語言的起源》一書來解讀盧
梭，他必定引述盧梭的其他著作，及同時代
其他人的著作，也必定會引述後人的著作。
德希達發現，「補充」這一概念乃是用以解
釋盧梭作品的一個有效的工具，它既是盧梭
用以維護邏各斯中心主義的手段，也是致邏
各斯中心主義於死地的東西。

　　爲什麼選擇盧梭？盧梭不是《論文字
學》的唯一專有名詞，德希達還提到了柏拉
圖、笛卡兒、萊布尼茨、黑格爾、索緒爾、
李維斯陀等人。他在書中指出,「作家或學說
的名稱在此沒有實質性意義，它們既沒有揭
示一致，也沒有揭示原因。認爲笛卡兒、萊
布尼茨、盧梭、黑格爾等等是我們所指的運
動或置換（Movements or Displace-
ments）的作家的名字未免有些輕率。我賦
予他們的揭示價值首先是一個問題的名稱，

「也就是說,上述諸人並不重要,重要的是他們所表達的書寫問題,或者說是在邏各斯中心主義中書寫的命運問題。盧梭被選擇了,這是因為,他上承柏拉圖主義之傳統,對當代也有巨大影響(結構主義語言學可以追溯到盧梭)。因此,盧梭是「書寫問題」得以解決的一種比較方便的「工具」,正因為此,他成了《論文字學》的「中心人物」,占據了「中心地位」。德希達選擇他,旨在透過尋找他的本文中的「空白」、「縫隙」、「缺口」,讓自己棲居於這一本文中,藉以繁殖自身的勢力,動搖盧梭所代表的邏各斯中心主義傳統。

眾所周知,盧梭是一個「流浪意識」很強,並因此終生不得安寧的人。自幼喪母,早年四處流浪,到處尋找「媽媽」;晚年失去「媽媽」保護,不斷受到迫害並四處逃亡。從總體上看,他無家可歸,是一個流浪漢。正因為如此,他的思想也是不斷變化的,他不可能固執於某種觀點。就他與邏各斯中

心主義的關係而言，他既是一個推動者，又
是使其自動中斷的人。按德希達的看法，邏
各斯中心主義有三個里程碑：柏拉圖的斐德
努是發端，黑格爾的《百科全書》是經典，
盧梭則介於其間（在〈柏拉圖的藥店〉中，
則認為存在著柏拉圖、盧梭和索緒爾三個時
代）。顯然地，盧梭處於前奏和完成之間，
是一種過渡，他決定性地表達了邏各斯中心
主義和在場的形而上學。十八世紀是「書寫
問題」的「戰鬥場」，萊布尼茨試圖透過漢
字建立一種普遍的語言和文字，他的這一工
作在邏各斯中心主義之內打開了第一個缺
口。但是，德希達認為，萊布尼茨是一個理
性主義者，他逃不出邏各斯出中心主義之
外，他的文字觀依然根據一種「歐洲人的幻
覺」，他無法擺脫邏各斯中心主義的偏見，
因此他自己削弱了這種突破的努力。盧梭和
同時代大多數人一樣，明確地指責這種普遍
文字，認為它要顛覆聲音的地位。德希達寫
道：「盧梭是為了保衛聲音中心主義和邏各

斯中心主義才責難普遍文字的」。德希達顯
然不滿足於看到這一點,他致力於的是,看
看包括盧梭在內的邏各斯中心主義者是如何
由邏各斯和聲音的保護人、代言人變成其破
壞者、其敲喪鐘者的。德希達發現,較之其
他人而言,盧梭最猛烈地排斥的東西實際上
也是最困惑著盧梭,最折磨著盧梭的東西。
正是在困惑中,盧梭的好夢或許變成了惡
夢。他想保護和恢復善的、自然的、原初的
東西,但他在無意中、在暗中破壞了這些東
西。

　　德希達在閱讀盧梭的本文前,先行閱讀
了李維斯陀的有關著作,尤其是他的《悲傷
的熱帶》(*Tristes Tropiques*),《野蠻人的心
智》(*The Savage Mind*)等著作,看看李氏
是如何看待文字的。李維斯陀是結構主義的
創始人,他的「結構人類學」(Structural
Anthropology)與傳統的關係如何呢?德
希達認為,不管是從語言學,形而上學,還
是從作為人學(The Science of Man)的

模式（Model）的角度來看，它都是聲音中
心主義的，確定無疑地排斥和貶低書寫。李
維斯陀把盧梭奉爲人類學之父，他們之間顯
然有某種牽涉，德希達把前者看作是當代的
盧梭主義者。實際上，兩者的共同處在於用
自然與文化的二元對立來解釋原始狀態。自
然與文化的對立，換言之，自然與自然之外
的一切（藝術、技術、法律制度、社會、任
意性等等）之間的差異是李維斯陀的基本立
場。然而，德希達發現，李維斯陀的思考「在
一定階段常常根據這種差異，但有時又把我
們引向抹去這種差異。」我們首先應當明白
李維斯陀對自然和文化的界定，在〈親屬關
係的基本結構〉中，他寫道：「讓我們假定
人身上的一切普遍的東西與自然秩序聯繫在
一起，它以自發性爲特徵；而一切服從於某
種規範的東西則是文化的，它是相對的，特
殊的。」這一界定運用到「亂倫禁忌」（Pro-
hibition of Incest）中是有問題的，即我們
無法涇渭分明地說它屬於自然還是文化範

疇，這是因為「它構成為一種規則，但是，
在整個社會規則中，唯有這一規則擁有普遍
性特徵。」這樣一來，自然與文化的對立並
不是「眞實分析」的結果，而是「理想分
析」的結果；不具有歷史意義，只具有邏輯
意義和方法論意義。因此，人類學家李維斯
陀並不是工程師，而只是零雜工，他只是實
用地使用了「二元對立」的方法，這就導向
了解構，德希達寫道：「同時保留和取消繼
承下來的概念對立，這一思路就像索緒爾的
一樣，處於某種分界線上：有時處於一種未
經批判的概念中，有時又在邊界上樹起一個
品種，並且致力於解構。」自然與文化的對
立是一系列對立的基礎，德希達透過對李維
斯陀的觀點的解構，把我們引向後者的老師
──盧梭那裡。

　　李維斯陀是迷醉於古老民族的原始風貌
的一個人類學家。他深入於南美原始部落進
行研究，在他的《悲傷的熱帶》的〈書寫課〉
(*The Writing Lesson*)中，他把「沒有文

字」的Nambikwara民族描述為是「純潔
的」、「善良的」，它有著「自然的甜蜜」，
「本眞地揭示了人類的溫柔」。整個Nambi-
kwara部落生活在連成一片的大森林中，即
使存在著一種叫做Piccade的小徑，也是與大
森林融合的，「其痕跡難以與樹叢區分開
來」。這個民族的人們生活在一起，生活在
一種在場的共同體中，不需要「專有名
稱」；他們只說不寫，只是偶爾在葫蘆上畫
些簡單線條。然而，西方人（包括人類學
家）的到來破除了寧靜和安祥的氣氛。西方
人廢棄的一條電話線（電話線讓人聯想起文
字，因為文字的簡單形成就是一些線條）把
整體分割了，而他們給沒有名字的原始人起
的綽號則使人們彼此間相互猜疑，對某人不
滿，最簡單的報復方式就是洩漏他的綽號
（專有名稱），於是發生了所謂的「專有名
稱大戰」(The Battle of Proper Name)，還
有，白種人帶來的疾病殺死了許多原始人。
總之，李維斯陀在〈書寫課〉中要揭示的

是，原始的Nambikwara部落本來處於自然
的和諧狀態中，是無辜的，沒有罪惡的，但
後來產生了罪惡，自然和諧被破壞了，這都
是由於西方文化的侵入造成的，「罪惡會隨
著書寫的侵入而從外面慢慢地潛入」。也就
是說，原始人是沒有文字（書寫）的，按李
維斯陀的看法，「Nambikwara人不會書寫
是不用說的」，書寫完全是從外面引入的。
西方人教會他們認字和書寫，於是文化引入
了，文明的一切弊端也引入了。

　　在《悲傷的熱帶》中，一個不可少的前
提是「有機體的本性遭到書寫的侵略」，這
是最為明晰的線索，因此李維斯陀反覆描述
了該民族由無辜向墮落的轉化，這恰恰同於
盧梭對自然狀態向社會狀態的轉化的描述。
在自然狀態下，「一個無暴力而自由的微型
社會，其所有成員都有權力保留在直接而透
明的範圍內，保留在清澈透明的問候內，並
且在活的言談中完全自我在場。」但是，書
寫慢慢潛入，使得人與人之間分裂了，並產

生了人與人之間的不平等，產生了人對人的
剝削，尤其是部落首領利用了書寫來鞏固自
己的地位，按李維斯陀的看法，「書寫自身，
在其持久的方式上，起初似乎只是與建立在
人剝削人基礎上的社會聯繫在一起的。」德
希達認爲，李維斯陀的〈書寫課〉因此有了
雙重含義，一是Nambikwara部落首領跟人
類學家學書寫，這是授課與學習意義上的；
一是人類學家由授課而獲得的教訓、教益。
授課是一個「偶然事件」，但這一偶然事件
使文字侵入到原始部落的生活中，破壞了原
先的安寧和自然的和諧，部落首領無意識地
看到了文字的奴役功能，並利用之以鞏固自
己的統治，結果造成了人與人之間的不平
等。人類學家透過反思發現，他引入書寫，
實際上引入了文字的「奴役」功能，書寫意
味著人剝削人、人壓迫人、人奴役人。李維
斯陀對原始民族有著天然的同情，他力圖站
在反種族中心論的立場上抵制文字的侵略。
然而，德希達透過閱讀《悲傷的熱帶》等著

作發現，李維斯陀說了許多不打算說出的東西，他用以否認書寫存在的證據恰好證明了書寫的存在。

德希達認為，在李維斯陀的著作中，從三個方面可以看出Nambikwara部落存在著書寫，書寫並非外來的東西。首先，一部分Nambikwara人總算使用了一個詞來指稱書寫（文字）活動，或至少可以達到這一目的，李維斯陀在《日記》中寫道：「他們把書寫活動叫做Ickariukedjutu，意即『畫線』。」按李維斯陀的看法，這些人將書寫活動稱為畫線而不是書寫，因此是不懂得書寫，德希達否認這一看法。他指出，西方人用to Scrath, to Engrave, to Scribe, to Scrape, to Incise, to Imprint意指的正是書寫活動，而中國人用「文」（Wen，除了泛指書寫這一狹義含義外，還有其他含義）來意指，兩者間顯然存在著差異，但這並不否定它們都表示「書寫」。其次，李維斯陀發現，這些原始人從這一畫線活動中看出了美感意義，畫

線的美感意義何在呢？體現在圖象中，圖象
顯然是原書寫。最後，李維斯陀寫道：
「Nambikwara人不會書寫……他們除了在
自己的葫蘆上畫一些圓點和之字型外，也不
會畫線」，這是因爲在提供給他們的工具和
幫助下，他們只能「畫一些波浪型的水平
線」。能畫一些「波浪型的水平線」實際上
已經是在書寫了，況且李維斯陀表明，部落
首領在懂得書寫之前已經知道了書寫的功
能，知道了書寫是一種符號，它會給予社會
以優越性，李維斯陀寫道：「無疑他是唯一
知道書寫爲何物者，因爲他向我要了一張筆
記紙簿，當我們一塊兒工作時，我們就有了
同樣的裝備，他不用詞向我回答，而是在紙
上畫一條或兩條波浪線，然後把它給我，彷
彿我能夠讀出他所要說的。」從如上幾點可
以看出，李維斯陀的《悲傷的熱帶》是自身
解構著的，同樣的本文旣支持了Nambi-
kwara人沒有文字之說，同時也可以讀出有
文字，於是「沒有文字的社會」過渡爲「有

文字的社會」，自然的和諧也就根本不存在
了。

李維斯陀堅持自然優於文化，聲音優於
書寫的立場和盧梭是一致的，德希達對這一
立場的解構有助於對盧梭著作的解讀。

德希達打算以1753年寫成，不甚有名，但
爭論頗多的《略論語言學的起源》作爲解構
盧梭的突破口。作爲第一步，他專門用一節
分析了該書的發生和結構(Genesis and Struc-
ture)，探討了該書的寫作背景、年代，並與
一些現代思想家進行了商榷，這些工作顯然
是傳統批評的一部分，作爲第一重批評（閱
讀），它只是一個梯子。最重要的顯然第二
重閱讀，要讀出本文中的「悖論」、「空
白」和「邊緣性含義」來，以便透過展示邏
各斯中心主義的內部衝突而發現這一「中心
主義」的斷裂。然而，如果僅僅局限在這一
封閉的本文內，而不看到這一本文的觸類旁
通的「本文間性」，就難以看出「更多」
來。於是，德希達廣泛地引述了盧梭的其他

本文，主要是《論科學與藝術》、《論人類不平等的起源與基礎》、《懺悔錄》、《愛彌爾》等，尤其是引入了這些著作中關於「危險的補充」的論述。於是，《略論語言的起源》不僅僅是語言學問題，它還牽扯著哲學、道德、心理學等問題。我們主要看看「危險的補充」。

　　德希達寫道：「危險的補充這個詞是盧梭在《懺悔錄》中所使用的。」根據《懺悔錄》，由於早年喪母，盧梭終生都在尋找媽媽的替代，並有一種「戀母情結」，而這一心理也反映在其他活動中，是一種變態心理。他夢想求得美好的、自然的、源初的東西，然而這些東西喪失了(就像他的母親死了)，於是只好尋找替代，然而這種替代只是一種「危險的補充」。事實上，他的一生中有三個主要的補充系列，一是生母→「媽媽」(華倫夫人，他的情人)→「姨媽」(妻子)系列，一是性交→手淫系列，並由於這兩個系列轉向一個新的天地，聲音→文

字（寫作）系列。

盧梭尋找「媽媽」在《懺悔錄》中表現為一種自然的、善良的傾向，它構成為《懺悔錄》的主線。用手淫代替正常性生活則表現為反自然、自戀的傾向，這是《懺悔錄》中不太明顯的另一線索，但兩者顯然是相互映襯的。盧梭發現後者是一種危險的補充，但對前者的危險性沒有足夠的認識。由於戀母情結，他愛上的大多是已婚婦女，他在戀人身上總是發現「媽媽」的影子，往往優先把她看作是「媽媽」，兒子對母親的愛勝過情愛，這無疑給他的性生活帶來陰影。正因為如此，他在「性生活」方面始終處於飢渴狀態。他戀的始終是女人（在書中好幾處描寫了有人想與他發生同性關係，引起他的強烈反感），但在女人身上卻得不到滿足。或許由於自己天生的憂鬱、靦腆形象正符合於心目中的戀人形象，他於是用手淫這種「危險的補充」來滿足自己。《懺悔錄》中描寫的第一次手淫行為發生在他和華倫夫人相識不

久之後。他戀著華倫夫人，但在她的身邊卻
相當寧靜，但當她離開時，心裡就騷動不安
了，出現了戀華倫夫人所用過的物品的行
爲，尤其是出現了手淫。盧梭接下來表明的
是，自己從前不論心靈和肉體都是純潔的，
但現在學會了欺騙自然的危險的方法，於是
他就在不斷摧毀自然賦予他的，多少年來才
保養好的健康身體。盧梭尋找「媽媽」的過
程是一種替代（Displacement）或補充
（Supplement）的過程，而手淫則是替代的
替代，補充的補充，離自然越來越遠。盧梭
在《懺悔錄》中把自己的早期生活看作是幸
福的，因爲他帶著尋找「媽媽」的夢幻，而
的確找到了「媽媽」（華倫夫人）。晚年生
活則被描寫爲是不幸的，到處充滿陷阱和敵
人。早年的心境是閒適的、自然的，後來卻
越來越壞。如果說從前他在「壞人」那裡也
總在尋找善良的方面的話，晚年則把所有的
人都當作敵人。與華倫夫人的相識既是快樂
的高潮，又是痛苦之源。因此，替代就其補

缺而言，有積極的意義，就其破壞了本然狀
態而言，又是消極的，不管怎麼說，替代總
是危險的補充。因此，德希達認為，盧梭尋
找「媽媽」的過程已經開始了危險的補充。
《懺悔錄》徘徊於對華倫夫人的追憶和反思
中，盧梭發現他從她那兒所得甚多，然而失
去的更多。但盧梭對此沒有後悔，後悔的是
自己尋找了更多的補充，因而更加遠離了自
然。

　　德希達儘管透過引來「危險的補充」以
破壞《略論語言學的起源》的中心論題，他
還是不願走得太遠，他發現，尋找「媽媽」
和手淫兩個系列的替代只不過是聲音被書寫
替代的直接表現與後果。盧梭作為邏各斯中
心主義的中堅人物，強調說甚於寫。他「聽
媽媽的話」，只是在「媽媽」不在時，聽不
到「媽媽」的聲音時才「啃啃床」，從「痕
跡」中找尋聲音的影子。盧梭跟「媽媽」待
在一起時不寫作，只是在離開「媽媽」後才
寫了許多東西。聲音是原初的，寫作是衍生

的。盧梭未寫作前沒有名聲，他待在華倫夫
人的圈子裡，處於內心寧靜與自然和諧中，
是愉快的。寫作給他帶來了名聲，使他出了
名，帶來好處的同時，引起嫉妒和敵視，自
然的和諧與內心的寧靜被破壞了（想想前面
所說的「專有名稱大戰」）。正像華倫夫人
是生母的補充，手淫是性慾的「危險的補
充」一樣，書寫是對聲音的「危險的補充」。
盧梭的「補充」既是必要的，又是危險的，
因此既喜歡之又憎恨之。假如「媽媽」不在
場，有「媽媽」的影子總是好的，假如聲音
消失了，有文字記錄總是好的。因此，為了
恢復在場，盧梭同時既維持又取消書寫的資
格。說「同時」，也就是說，盧梭在同一個
運動中既指責書寫是對在場的破壞，又想透
過書寫來恢復在場。

　　德希達解釋說，盧梭之所以成為「作
家」（寫字的，按通俗作家王朔的說法），
正是想透過「寫」來恢復被剝奪的「說」。
我們從《懺悔錄》中看出，盧梭生性靦腆、

害羞，因此不大拋頭露面，不怎麼會說話，
於是躲入書齋，漫步鄉間，流連林野，留下
一些痕跡。「說」是完全在場的，「寫」則
是隱匿的。我不願說或不會說，我因此躲起
來寫作，我孤獨地漫步（留跡）。「說」是
活的，「寫」是死的。盧梭出生之時正是母
親死亡之時，而其寫作也是其早年幸福（與
「媽媽」待在一起，聽「媽媽」說話）的消
失。德希達發現，書寫在盧梭那兒具有雙重
性：這個「死的」東西居然能夠代替聲音，
並且恢復其「生機」，這當然無可指責，此
其一；但書寫以為自己就是一切，全不把
「聲音」放在眼裡，想用「墓碑」代替「口
碑」，這無疑是顛覆、叛逆，此其二。德希
達認為可以從兩個角度來分析，從盧梭的寫
作經驗看，他把文學（寫作）看作是對在場
（自然）的重新占有，因而有積極意義；但
從理論角度看，他卻指責文學（書寫，寫
作）是消極的，在文學中只能看到文化的墮
落。德希達認為，在補充一詞中，這兩個含

義奇特地統一起來了。他發現，在兩種情況下，盧梭實際上都把書寫看作是對待困境的危險的手段，是一種批評性的反應，一種威脅性的幫助。當聲音作爲自我一致被斷裂、當聲音不能夠維護在場時，書寫就有了必要，書寫作爲增補（Addition）出現。聲音是自然的，至少是思想的自然表達，而書寫則是自然表達的增補，一種想像的東西，因此是非自然的東西。人們想以一種技巧，一種人工的方式恢復在場，但在場總已經退隱，是無法恢復的了。通常的順序是：「語言被說出，書寫作爲聲音的補充……聲音透過習慣的符號表達思想，而書寫則以習慣的符號表達聲音，因此，書寫的藝術只不過是思想的間接表達。」如果書寫安於現狀，而不聲稱自己就是在場或是事物自身的符號，那麼就不存在危險。然而，書寫是不會甘處卑位的，因此總在威脅著聲音。盧梭一直維護聲音的地位，對書寫的威脅保持著警惕，但他卻一直致力於書寫，這表明，盧梭自己在動搖

著自己的立場，他對書寫持一種矛盾的態度。

　　不管怎麼說，書寫並非完全是壞的，盧梭承認了書寫的地位。我們怎樣來解釋這個問題呢？自然是自足的、無法替代的，然而它無可挽回地被文化取代了。於是，人們帶著一種思鄉病力圖尋找最自然的補充，也就是說，儘管自然不在場了，人們仍然力圖恢復（接近）自然，離的越近，越好；離的越遠，越不好。不過，有總比沒有好，因此，儘管書寫是一種危險的補充，它還是可以讓人們夢回自然狀態，於是，盧梭不顧危險，打算透過寫作來重新恢復在場。這樣一來，邏各斯中心主義實際上是靠夢幻支撐起來的。看起來這一夢幻也是純潔的，但由於「夢遺」而破壞了這種純潔。於是，作家盧梭走出了邏各斯中心主義者盧梭的陰影。書寫神是遊戲之神，盧梭在玩文字遊戲中責難書寫，在責難書寫中玩文字遊戲。總之，正如德希達所說：「盧梭責難書寫的罪惡，並在書寫內尋找避風港。」

第五章
—— 解構的困境 ——
（代結語）

　　在前面各章中，我們概略地分析了德希達的基本方法、主要概念和重要思想，在此基礎上，我們將簡單地分析一下德希達開創的解構理論在許多問題上的曖昧態度，以及它所面臨的困境，以便加深我們對這一思潮的理解。

解構與理論的關係如何

　　按傳統的觀點，文學研究是一種探究意義的理論活動，德希達的解構主義對這種看法提出了挑戰。包括德希達在內的解構主義者都沒有正面承認過理論的作用，更不必說承認自己是理論家。難怪一個反解構主義的文學理論家J. M. Eillis認為，解構批評的「主要論題在本質上一以貫之地是反理論的」。德‧曼把自己的解構閱讀稱作「寓言式閱讀」，在《抵制理論》中，他認為，這種閱讀「同時是理論又不是理論，是關於理論的不可能性的普遍理論。」顯然，德‧曼儘管利用了理論，但他抵制理論。不過，問

題不是這麼簡單，許多解構主義的追隨者認
為，解構批評比任何其他批評都更具理論意
義，認為它「在本質上主要是理論的，為理
論在對事物的批評框架中描述了一個更為重
要的地位。」他們聲稱，解構批評之取得統
治地位，「表明了理論的勝利或理論在批評
界中抬高了的地位。」的確，德希達和德·
曼都有較好的哲學和理論素養，無形中影響
他們的批評和研究工作，但他們無疑地傾向
於抵制理論。如何解釋這些擁護者和大師們
之間的分歧呢？

　　眾所周知，解構批評之所以脫穎而出，
完全在於它的獨特的風格和具體操作實踐，
它在心理上征服了人們，但並未在理論上說
服人們。在這個思潮占據了主導地位以後，
理論建構的任務突出出來。其擁護者必定為
其做理論上的辯護，認為它在理論上是站得
住腳的，而不能僅僅滿足於依靠第一代大師
們的個人魅力來維護這種主導地位。但是，
理論化的「解構批評」還是「真正的」解構

批評嗎？德希達如何來回答這一問題呢？

　　解構主義在這個問題上運用一種雙重標
準，對他人嚴厲，對自己寬容。

　　德希達等人在一些場合反對別人把自己
的工作看作是理論性的，「它不是，也不依
賴於一種理論。」當遇到別人在理論上的攻
擊時，他會以之為擋箭牌，「解構不可能用
理性或邏輯分析的工具說明。」德希達拒絕
與高達瑪對話（實際上是共同進行理論探
討）顯然是利用了這一招。然而，在另一些
場合，他們又據「理」力爭。例如在德希達
與J. Searle的爭論中，德希達宣稱，Searle對
他的立場的陳述是不正確的，是誤解了他，
並且指出，他所意指的是什麼對於Searle應
當是清楚的。這就表明，他認為Searle可以正
確地解釋和陳述他的本文，於是也就承認了
自己的工作是可以從理論上加以規定和歸納
的。顯然，德希達等人對理論的態度是曖昧
不明的。

解構批評與傳統批評的關係如何

　　研究者們通常認為，應為從兩個方面考慮德希達開啓的解構批評：

* 考慮其對舊的東西的診斷、批評。
* 考慮其對舊的東西的超越。

　　這兩個方面都透過解構批評的閱讀策略而實現。

　　我們在前面已經說過，這一閱讀策略包括兩重閱讀，一個是傳統閱讀（傳統批評），另外一個是批評性閱讀（解構批評）。前者旨在重建、解釋、歸納「原文」的主張，把它作為解構的目標，這一重閱讀為解物批評家和傳統批評家共同分享。後者旨在透過自由遊戲而讀出「新穎」和「更多」，以求發現第一重閱讀未能注意到的「空白」和「盲點」來。傳統閱讀發現本文是有意義的，是可解讀的，批評性閱讀則讓已經建構

起來的意義產生播撒。看起來，這是比較明晰的，然而，仔細考察，卻發現這兩重步驟是有問題的。

我們首先要問，本文有還是沒有單一意義，按解構批評的主張，本文不可能有單一意義，因為意義在不斷播撒。這樣，說傳統批評旨在重構單一意義，就是無中生有，而把其建構的東西（實際上在不斷播撒）作為解構的目標也因此是輕率的。解構批評只是虛構了一個攻擊目標。的確，在西方文化傳統中很難說存在著一種一以貫之的邏各斯中心主義，德希達自己也表明，邏各斯和神話一開始就糾纏不清。因此，抵制解構批評的人認為，德希達是捕風捉影，根本就不存在著他要攻擊的目標。其次，要問的是，是否存在著本文唯一的、一致的閱讀？如果不存在單一意義，閱讀顯然不可能是唯一的、一致的。假如存在單一意義，又怎麼樣呢？由於不存在標準閱讀，不同讀者會對同一本文作出不同反應。傳統閱讀本來就是一個泛指

概念，它包括了千差萬別的閱讀方式，解構
批評家卻要歸納出一種普遍的「傳統閱讀」，
這就非常明顯地自我矛盾了。這樣，由於解
構批評寄生的傳統批評實際上不是一個定指
概念，解構操作根本就無從展開。因此，解
構批評不可能按照某種步驟展開，而只能是
即興表演。

變革與傳統的關係如何

　　人們通常是把解構主義者看成爲是「反
傳統主義者」，而解構批評家自己似乎也是
這樣看。

　　希利斯·米勒指出，「『解構』，這個
詞暗示，這種批評是把某種統一完整的東西
還原成支離破碎的片斷或部件。這使人聯想
起一個比喻，即一個孩子把父親的手錶拆
開，把它拆成毫無用處的零件，根本無法重
新安裝。」他並且認爲，解構批評家是弒父的
不肖之子。德希達在〈柏拉圖的藥店〉中也
描述了這種弒父的逆子形象。看起來，把德

希達等人稱作反傳統主義者是理由充分的，
況且德希達在反結構主義中嶄露頭角，而耶
魯學派在對抗「新批評」（New Criticism）
中誕生。

　　儘管如此，我們認為，解構批評家並不
具有通常意義上的反叛以及革命精神。

解構並不是新觀念

　　解構它不過是某些一直已經存在著的批
評觀點或其他學說的集中表達或精緻化。

　　美國學者F‧Merrell認為，解構批評
「只不過是西方世界理智運動的一部分」。
解構批評家認為傳統批評忽略邊緣問題，但
Ellis認為，「解構的主題在解構批評之前的
批評舞台上已經是重要的內容，而且，這些
問題不是邊緣性問題，而是批評畫面中的中
心特徵。」也就是說，德希達等人認為的傳
統批評所忽略的邊緣問題實際上一直受到重
視，對它們的研究「不是解構的專利」。德
希達在語言批評方面的確有獨特貢獻，但他

實際上也只是一個「後來人」，因為他批評
的對象乃是二十世紀中語言學一直爭論為誰
的對象。

**解構批評在實際操作中承認本文中諸傳統因
素**

　　德希達的老師傅柯曾經攻擊德希達是
「經典體系最後榮光的最決定性代表。」這
顯然帶有過多的情感因素，但無疑是有道理
的。儘管德希達要求偏離經典歷史範疇，他
仍然主張，傳統範疇是可以利用的，只是需
要給它們打上「×」，以提醒讀者，這是一
些傳統範疇，不應該完全受制於它們。然而，
這些範疇的傳統痕跡無論如何影響著人們。
就對待傳統等級差別而言，他要求的並不是
顛覆，不是「以一個概念去取代另一個概
念」，而是強調彼此間的相互轉化與遊戲。

解構批評無法完全放縱於遊戲

　　按理，解構批評只關注本文，只關心閱
讀本文並獲得愉悅。然而，它實際上仍然關

心人的命運、道德責任、政治使命這些傳統
主題。德希達所說的「言語對書寫的壓制」
之類，種族中心主義之類明顯地使用著道德
術語、政治術語。

這不是說德希達的思想不具有革命性含
義，而是說我們應當對革命本身持一種新的
看法，也就是說，德希達不是透過顛覆，而
是通過一種自由主義立場實現變革的。如果
以對抗的方式對待傳統，顯然是仍然囿於傳
統之中，是傳統二元對立的翻新。由於主張
「怎麼都行」，權威性的、主宰的新話語是
不可能產生的了。

透過如上方面的分析可以看出，德希達
所代表的解構理論處於模稜兩可狀態。應當
說，他較多以其獨特的風格影響了人們的心
理和情感，而較少以理論的深度來征服人們
的思想。正因為如此，解構理論不可避免地
開始走向衰微。然而，在過去二十多年裡，
他的解構理論畢竟廣泛地影響了社會科學的
各個領域；作為後現代主義的中堅人物，他

畢竟把人們的理智生活推到了一個新階段；
況且，他的很多概念和方法已經成爲人類知
識的重要部分，因此，德希達在二十世紀西
方思想史上占有重要的一席。

參考書目

英文部分

1. Derrida Jacques, *Writing and Difference*, Routledge & Kegan-Paul, 1978.

2. Derrida Jacques, *of Grammatology*, The Johns Hopkins University Press, 1976.

3. Derrida Jacques, *Margins of Philosophy*, The University of Chicago Press, 1982.

4. Derrida Jacques, *Dissemination*, The University of Chicago Press, 1981.

5. Derrida Jacques, *of Spirit*, The University of Chicago Press, 1989.

6. Derrida Jacques, *Signeponge/Signspon-*

ge, Columbia University Press, 1984.

7. de Man Paul, *The Resistence to Theory*, Edited by W. Goldzich, University of Minnesota Press, 1986.

8. *Deconstruction: A Critique*, Edited by Raznath, Macmillan, Inc. 1989.

9. Ellis John M, *Against Deconstruction*, Princeton University Press, 1989.

10. *Merrell Floyd Deconstruction Reframed*, Purdue University Press, 1985.

11. Selden Raman, *A Reader's Guide to Comtemporary Literary Theory*, The University Press of Kentucky, 1983.

12. *Contemporary French Philosophs*, Edited by Phillips Griffiths, Cambridge University Press, 1987.

13. Ferry Luc and Renaut Alain, *French Philosophy of the Sixties*, The University of Massachusettes Press, 1990.

14. Culler Jonathan, *On Deconstruction*,

Routledge & Kegan-Paul Press, 1985.

15. Foucault Michel, *The Order of Things*, Vintage Books, 1973.

16. Rorty Richard, *Contingency, Irony and Solidarity*, Cambridge University Press, 1989.

17. Rosenau Pauline M, *Post-modernism and The Social Science*, Princeton University Press,

中文部分

1. 王逢振、盛寧、李自修編，《最新西方文論選》，漓江出版社，1991。

2. 伊格爾頓著，王逢振譯，《當代西方文學理論》，中國社會科學出版社，1988。

3. 王岳川、尚水編，《後現代主義文化與美學》，北京大學出版社，1992。

4. 王岳川著，《後現代主義文化研究》，北京大學出版社，1992。

5. 杰斐遜‧羅比等著，盧丹懷等譯，《當代

　　國外文學理論流派》，上海外語教學出版
　　社，1991。

6. 喬・卡勒著，盛寧譯，《結構主義詩學》，
　　中國社會科學出版社，1991。

7. 布洛克曼著，李幼蒸譯，《結構主義：莫
　　斯科——布拉格——巴黎》，商務印書
　　館，1987。

8. 理查・羅逖著，李幼蒸譯，《哲學與自然
　　之鏡》，三聯書店，1987。

9. 海德格著，陳嘉映、王慶節譯，《存在與
　　時間》，三聯書店，1987。

10. 沙特著，陳宣良等譯，《存在與虛無》，
　　三聯書店，1987。

11. 理查・羅逖著，黃勇編譯，《後哲學文
　　化》，上海譯文出版社，1992。

12. 馬馳著，《叛逆的謀殺者》，中國文民大
　　學出版社，1990。

13. 胡經之、張首映主編，《西方二十世紀文
　　論選》，第二卷，中國社會科學出版社，
　　1989。

14. 張隆溪著，《二十世紀西方文論述評》，
三聯書店，1986。

15. 盛寧著，《二十世紀美國文論》，北京大
學出版社，1993。

16. 楊大春著，《解構理論》，揚智文化公司，
1994。

德希達　　　　　　　當代大師系列 01

著　　者／楊大春
編輯委員／李英明、孟樊、陳學明、龍協濤、楊大春
出 版 者／生智文化事業有限公司
發 行 人／林新倫
總 編 輯／孟樊
執行編輯／鄭美珠
登 記 證／局版北市業字第 677 號
地　　址／台北市文山區溪洲街 67 號地下樓
電　　話／(02)2366-0309　2366-0313
傳　　真／(02)2366-0310
E - m a i l ／ufx0309@ms13.hinet.net
印　　刷／科樂印刷事業股份有限公司
法律顧問／北辰著作權事務所　蕭雄淋律師
初版三刷／1999 年 3 月
定　　價／新台幣 150 元
郵政劃撥／14534976
I S B N ／957-8637-09-8

北區總經銷／揚智文化事業股份有限公司
地　　址／台北市新生南路三段 88 號 5 樓之 6
電　　話／(02)2366-0309　2366-0313
傳　　真／(02)2366-0310
南區總經銷／昱泓圖書有限公司
地　　址／嘉義市通化四街 45 號
電　　話／(05)231-1949　231-1572
傳　　真／(05)231-1002

國立中央圖書館出版品預行編目資料

德希達＝*Derrida*／楊大春著． -- 初版．
　 -- 台北市：生智，*1995*〔民*84*〕
　　 面； 公分． --（當代大師系列；*1*）
　 參考書目：面
　 ISBN 957-8637-09-8（平裝）

　 *1.*德希達（*Derrida, Jacques*）
　　 -學術思想-哲學

146.79　　　　　　　　　　　　*84001192*